新时代"双师型"教师培养体系研究

朱金玲◎著

吉林大学出版社
·长春·

图书在版编目（CIP）数据

新时代"双师型"教师培养体系研究 / 朱金玲著 . -- 长春 : 吉林大学出版社 , 2024.4
ISBN 978-7-5768-3132-0

Ⅰ .①新… Ⅱ .①朱… Ⅲ .①师资培养 – 研究 Ⅳ .① G451.2

中国国家版本馆 CIP 数据核字 (2024) 第 081041 号

书　　名	新时代"双师型"教师培养体系研究
	XINSHIDAI "SHUANGSHIXING" JIAOSHI PEIYANG TIXI YANJIU
作　　者	朱金玲　著
策划编辑	殷丽爽
责任编辑	殷丽爽
责任校对	安　萌
装帧设计	张秋艳
出版发行	吉林大学出版社
社　　址	长春市人民大街 4059 号
邮政编码	130021
发行电话	0431-89580036/58
网　　址	http://www.jlup.com.cn
电子邮箱	jldxcbs@sina.com
印　　刷	天津和萱印刷有限公司
开　　本	787mm×1092mm　1/16
印　　张	11.75
字　　数	200 千字
版　　次	2025 年 1 月　第 1 版
印　　次	2025 年 1 月　第 1 次
书　　号	ISBN 978-7-5768-3132-0
定　　价	72.00 元

版权所有　翻印必究

前　言

"双师型"教师是指具有较强的理论性和实践性，能够将理论与实际相结合的教师。在"双高计划"实施的背景下，高质量"双师型"教师培养是高职院校实现跨越式发展，培养适应我国产业升级和转型发展需求的复合型应用型人才的必然要求。2019年1月，国务院发布《国家职业教育改革实施方案》(简称"职教20条")，明确了"双师型"教师培养的实现途径，包括开展高职院校教师素质提升计划，探索组建教师教学创新团队，完善兼职教师自主聘任机制，推进校企合作。此外，教育部、财政部于2019年3月联合出台《关于实施中国特色高水平高职学校和专业建设计划的意见》(简称"双高计划")，同年8月，教育部等四部门印发《深化新时代职业教育"双师型"教师队伍建设改革实施方案》，这对促进"双师型"教师培养具有重大的理论和现实意义。"双师型"教师培养是我国高等职业教育发展的一个重大课题，也是我国高等职业教育面临的重要任务。

步入新时代，高水平"双师型"教师队伍既是高职院校培养高素质技术技能人才的师资保障，又是加强高职教育内涵建设的中坚力量。虽然我国高职"双师型"教师培养取得了一系列的成就，但也面临着一些现实困境。为此，院校要注重培育与引进相结合，健全"双师"资格认定管理机制、建立健全培养培训体系、拓展校企联合培养的广度和深度、深化以"双师型"教师培养为中心的人事制度改革，从而健全"双师型"教师培养体系，为提升高职"双师型"教师培养质效提供多元实践路径。

本书第一章为"双师型"教师概述，分别介绍了"双师型"教师的内涵、"双师型"教师认定理论、新时代对高职院校"双师型"教师专业发展的要求、新时代"双师型"教师专业发展制度建设四个方面的内容；本书第二章为"双师型"教师培养的内容与方法，分两节对其内容和方法做了介绍；本书第三章为"双师型"教师培养标准构建，分别介绍了三个方面的内容，依次是"双师型"教师教育素养标准构建、"双师型"教师专业素养标准构建、"双师型"教师服务素养标准构建；本书第四章为"双师型"教师培养制度构建，依次介绍了"双师型"教师资格准入制度、"双师型"教师培养培训制度、"双师型"教师职称评审和聘任制度、"双师型"教师管理考核制度、"双师型"教师评价机制五个方面的内容；本书第五章为"双师型"教师培养模式，主要介绍了四个方面的内容，分别是院校培养模式、校企合作培养模式、自主成长模式、文化生态模式；本书第六章为"双师型"教师队伍建设，主要介绍了三方面的内容，依次是"双师型"教师队伍建设的保障机制、"双师型"教师队伍建设的激励机制、"双师型"教师队伍建设的改进策略。

在撰写本书的过程中，笔者参考了大量的学术文献，得到了许多专家学者的帮助，在此表示真诚感谢。由于笔者水平有限，书中难免有疏漏之处，希望广大同行及时指正。

朱金玲

2023 年 10 月

目 录

第一章 "双师型"教师概述 ··· 1
  第一节 "双师型"教师的内涵 ·· 1
  第二节 "双师型"教师认定理论 ···································· 12
  第三节 新时代对高职院校"双师型"教师专业发展的要求 ······ 22
  第四节 新时代"双师型"教师专业发展制度建设 ················· 31

第二章 "双师型"教师培养的内容与方法 ································ 36
  第一节 "双师型"教师培养的内容 ································· 36
  第二节 "双师型"教师培养的方法 ································· 46

第三章 "双师型"教师培养标准构建 ······································ 59
  第一节 "双师型"教师教育素养标准构建 ·························· 59
  第二节 "双师型"教师专业素养标准构建 ·························· 68
  第三节 "双师型"教师服务素养标准构建 ·························· 74

第四章 "双师型"教师培养制度构建 ······································ 82
  第一节 "双师型"教师资格准入制度 ································ 82
  第二节 "双师型"教师培养培训制度 ································ 96
  第三节 "双师型"教师职称评审和聘任制度 ······················· 121
  第四节 "双师型"教师管理考核制度 ······························· 125
  第五节 "双师型"教师评价机制 ····································· 128

第五章 "双师型"教师培养模式 ··· 137
第一节 院校培养模式 ·· 137
第二节 校企合作培养模式 ·· 141
第三节 自主成长模式 ·· 144
第四节 文化生态模式 ·· 150

第六章 "双师型"教师队伍建设 ·· 159
第一节 "双师型"教师队伍建设的保障机制 ······················· 159
第二节 "双师型"教师队伍建设的激励机制 ······················· 162
第三节 "双师型"教师队伍建设的改进策略 ······················· 169

参考文献 ··· 178

第一章 "双师型"教师概述

本章主要介绍"双师型"教师，从四个方面进行了阐述，分别是"双师型"教师的内涵、"双师型"教师认定理论、新时代对高职院校"双师型"教师专业发展的要求、新时代"双师型"教师专业发展制度建设。

第一节 "双师型"教师的内涵

一、"双师型"教师含义的理解

"'双师型'教师"这一术语已经超越了教育、教育学的范畴，涉及并渗入多个领域和学科界域，很难用一种视角框定其丰富而深刻的内涵。为全方位认识这一概念，根据"双师型"教师的发展渊源和界定，对其界定进行多学科的阐释。

（一）职业学视域中的"双师型"教师

从职业学的视角审视解读"双师型"教师，揭示其职业性的一面，作为具有职业价值与职业行为的教育者，"双师型"教师在更大程度上是职业的教育者，而不单纯停留在学科教育者这一层面，即使是作为学科教育者，其所教的学科也总是渗透或依托于特定的职业，具有鲜明的职业性。

首先，"双师型"教师在一定程度上隶属于特定的职业人。这类教师的需求起源于职业教育培养职业人的目的，"双师型"教师除了教师这一职业角色，还具有特定的职业背景。比如，医学职业教育领域中的"双师型"教师具备医生的职业背景。进一步说，"双师型"教师是教授职业的知识和技能的工作者。之所以强调"双师型"教师是具有特定职业背景的教育工作者，是因为这是对传统的职业教育教师的超越。以往的职业教育教师只教给了学生专业知识和技能，所教授的专业知识与技能脱离了特定的职业情境，所以学生学到的专业知识与技能在真实的职业工作环境中得不到有效应用,最终缺乏综合职业能力。只有教给学生与真实职业工作密切相关的专业知识与技能,才能使学生具备良好的职业工作素质。对于"双师型"教师的特定职业素养的培养,需要强化"双师型"教师的企业实践经历,通过企业实践让"双师型"教师了解职业工作岗位的状况。

其次,"双师型"教师具备与自己专业匹配的职业行为。这实质上是要求"双师型"教师能够将职业中的具体行为实践经验传授给学生。这需要教师不仅能够胜任与自己专业匹配的某一特定职业,而且在自己的职业教育活动中,能够引入职业工作分析、职业能力分析、职业标准等理论和技术,为开展符合职业规律的职业教育提供指导。

众所周知,我们所从事的职业教育活动是与职业分不开的,没有职业场域,我们所从事的活动就不能称为职业教育活动。在具体的教育教学活动中,"双师型"教师要能够依据职业标准、职业工作属性,合理开发与职业标准对接的课程,确定与职业能力对接的职业教育教学目标,选择与职业工作对接的课程教学内容,实施与职业工作过程对接的教学活动等。总之,"双师型"教师不仅是教育场域中的教育者,也是职业场域中的具有特定职业背景的教育者。

(二)技术学视域中的"双师型"教师

首先,"双师型"教师的价值在于技术技能的积累和传递。职业教育是有技术技能属性的教育,作为一种以技术、技能的传授为主的活动,其与普通教育最大的不同在于其教育内容的技术性。实际上,这意味着职业教育的教育者不是单纯地向学生教授理论知识,而是重在教授学生职业技术。正是基于教授技术、内化技能这一价值维度,国家技术技能发展战略依靠"双师型"教师去传递和部署。从这个角度上说,"双师型"教师是国家技术技能形象,不是一般的教师教育者形象,代表和象征着国家技术技能发展和传承水平。

其次,技术技能素质是"双师型"教师区别于普通教师的根本标志。职业技术教育作为一种不同于普通学术教育的特殊教育类型,以培养技术技能人才为目的。培养者的素质直接决定了技术技能人才培养的质量。传统的教师是一种学术知识的化身,渊博的知识、高尚的道德被看得很重,而教师的技术技能素质往往被忽视。在职业教育技术技能传承的过程中,如果发现传统意义上知识化身的教师并不能很好地适应技术技能传授的需要，就应强调实践技能的价值。这也就是"双师型"教师产生与存在的立足点。

最后，"双师型"教师主要向高职院校学生教授技术知识。技术知识的意会属性呼唤这种"双师型"教师。莱顿（Layton）在其具有划时代意义的作品《作为知识的技术》中，明确将技术知识看作一种知识形态，"一种离散的、不同于科学知识的知识形式""技术知识是关于如何做或制造东西的知识，反之，基础科学具有一种比较普遍的形式。"[①]波兰尼（Polanyi）于1958年在《个人知识》中提出"意会知识"（tacit knowledge）的概念，以揭露完全明言知识理想的虚妄，阐明意会知识之于认识的重要意义。他还指出："人类的知识有两种。通常被描述为知识的，也就是用书面文字、图表和数字公式加以表述的，只是一种类型的知识。而未被表述的知识，也就是人们在做某事的行动中所拥有的知识，是另一种知识。"[②]技术知识的意会性决定了其存在的载体和教授的方法不同于传统的理论知识，不能依赖书本而存在，需要在具体的操作活动中渗透；不能用以往的告知办法，需要专门的技术熟练者通过示范和行为指导去传递。技术知识的意会性在某种程度上构成了设计共同体特有的"意会背景"，即"前理解"，它扎根于共同体之中，对该共同体的成员产生了影响。这种知识的传递和接受，主要是通过面对面的交流来完成的。由青年设计师向资深设计师转变，本质上就是"师父带徒弟"的过程。技术知识的情境性，意味着"双师型"教师的培养成长离不开具体的真实生产情境，也意味着"双师型"教师的技术技能教育教学活动也离不开企业生产的实际经历。"双师型"教师是一种与具体生产实践过程密切结合的教育者。"双师型"教师自身的技术技能素质不是架空的，而是落地的，能够将实际工作情境下的技术技能教给学生。

（三）文化学视域中的"双师型"教师

美国当代著名学者塞缪尔·亨廷顿（Samuel P. Huntington）认为：从纯主观的角度界定文化，其含义是一个社会中的价值观、态度、信念、取向以及人们普

---

① 陈凡，陈红兵，田鹏颖. 技术与哲学研究 第四卷 2007-2008年[M]. 沈阳：东北大学出版社，2009.
② 波兰尼. 个人知识：朝向后批判哲学[M]. 徐陶，译. 上海：上海人民出版社，2017.

遍持有的见解。[①]"双师型"教师是一种特殊的职业教育文化，它既是一种亚文化，又是一种集体文化，它反映了"双师型"教师的价值观、行为习惯和教育信念等。"双师型"教师是实现学校文化和企业文化有机结合的重要纽带。"双师型"教师是我国特有的文化形式与文化象征，所以"双师型"教师的发展离不开"双师"文化的感染。然而，要构建政府、高职院校、教师和"双师"群体联动的教育网络才能进行"双师"文化的培育，这是一个复杂的系统工程。

首先，"双师型"教师是职业文化的重要标志。其中，"职业"既包含了技术层面的意蕴，又包含了文化层面的意蕴，是一个复合的概念。作为一项指向职业的教育活动，职业教育也具有技术层面与文化层面的双重含义。所以，职业教育必然要包含作为其核心的职业文化。文化是指人类在社会历史发展进程中创造出来的物质和精神财富的总和，包括四个层面，即物质层面、制度层面、行为层面以及精神层面。职业文化是一种在不同的职业群体中盛行的文化，它是由社会分工的发展和员工群体的共同参与而产生的，具体包含在在漫长的职业生涯中逐渐形成的价值理念、思维方式、行为准则、气质、礼仪等中。这既体现了不同职业群体意识，又体现了专业知识、技术以及为保护本专业群体的利益与规范而建立的文化体系。此外，职业文化的内容丰富多样，包括职业道德、职业纪律、职业制度、职业精神等。从文化的构成来看，可划分为三个层次，一是外表层的职业形式、行为以及礼仪，二是中间层的职业制度以及规范，三是内核层的职业价值观。因此，我们不能单纯将职业技术教育看作是以技能为导向的实践，人在社会中生存所需要的职业文化才是职业技术教育最为真实的内涵。为此，职业教育的价值定位应以个人的职业文化为核心，以技能为基础，并在职业精神的感染下构建起一种完整的职业文化修养。"双师型"教师不仅是一种既能教理论，也能指导实践的教育者，其更为高远的价值在于其能将一种以儒化人的职业文化呈现出来。

其次，"双师型"教师的培养是一个文化过程，"双师型"教师的成长发展依赖于"双师"文化。文化集中表现为观念和行为，"双师型"教师融学术文化、职业文化和教师文化为一体。据此，"双师型"教师培养的文化过程主要是观念和行为的转变发展过程。就观念而言，"双师型"教师个体价值观应该是工作价

---

① 亨廷顿，哈里森. 文化的重要作用 [M]. 程克雄，译. 北京：新华出版社，2010.

值观、学术价值观、教育价值观三者的有机融合。就行为而言,"双师型"教师的教育行为从单纯的学问知识传授转变为行动实践操作的行为。

最后,"双师型"教师文化影响着高职院校学生的职业能力发展。"双师型"教师带给学生的是把"工业文化融入职业学校,做到产业文化进教育、工业文化进校园、企业文化进课堂"。职业教育办学实践表明,"双师型"教师的企业生产实践经历对学生所产生的影响更深远,"双师型"教师的企业生产实践经历使学生对企业工作有更多更深入的认识,影响了学生的职业价值观、职业态度、职业工作技能等方面的素养。

(四)知识学视域中的"双师型"教师

研究教师的知识结构,对于加快教师培养,提升教师的教学质量具有重大的理论意义和现实意义。舒尔曼(Shulman)认为,要推动教师专业化发展,首先要论证保障专业属性的"知识基础"的存在,其次才能明确教师在职业领域中所需的专业知识范围和结构。知识是教师专业发展的关键。知识是人对于客观世界的信息的反映,是对信息进行存储、加工和提炼的结果。此外,知识是个人在进行某一特定活动时必须具备的素质基础。"双师型"教师作为复合型教育人才,有着独特的知识结构。如果把教育看作是一门专业,那么教师就必须具备特定的知识和能力。而"双师型"教师的知识与一般教师的知识结构不同,它是教师在教学过程中所具备的知识,且具有"双师"特点。此外,"双师型"教师的知识结构也是复合型的,其自身具备学术性、职业性以及师范性三大特征。所以,基于"双师型"教师的复合型素质来看,我们可以了解到其知识结构应当由教育知识和专业知识构成,是"双师型"教师"学术性、职业性、师范性"的基本保证。综上所述,"双师型"教师是具有独特知识结构的复合型教师,从总体上讲,个体活动可以分为三种:认知活动、实践行为和基于上述两种活动而形成的价值评价活动。事实上,"双师型"教师的教育活动可以分为认知活动、实践活动与反思活动三种不同的类型。

(五)复合视角诠释的"双师型"教师

通过前文的分析来看,我们可以从不同角度解析"双师型"教师中的"双师",包括理论与实践、学校与企业、教学与生产、毕业证与职业资格证、教师与工程师等方面，最终我们难以穷尽"双师型"教师的丰富内涵，我们已经无法将其限定在"双"这一层面上去认识。与其这样，我们不如换一种思维方式，将"双"视为一种统一、整合的标签，事实上"双"所产生的功效是整体、整合的。另外，"双师"其实是从素质的角度去界定职业教育教师的，"双师型"教师是一种职业教育教师素质的代言，"双师型"教师是职业教育教师发展的理想形态。因此，我们更倾向于从复合的视角整体诠释"双师型"，即具有多重素质结构的技术技能教育者。

二、"双师型"教师的特征

（一）素质结构的复合性

从某个角度看，"双师型"教师可以被视为一种独特的复合型人才，他们在多个素质维度上都展现出了这种复合特质。根据其复合特质对高职院校中的"双师型"教师队伍进行研究与分析，有助于我们进一步了解到这一队伍的发展状况，并提出相应对策，具体的表征如下所示。

第一，理论与实践的结合。"双师型"教师应具有较丰富的理论知识和较强的实践能力。其中，"双师型"教师需要掌握专业理论以及教育理论，这是教师必备的理论素养。同时，"双师型"教师还需要掌握与生产实践有关的职业技能以及与教育有关的教师技能，这是教师所必备的实践技能。而"双师型"教师所具备的与生产实践有关的职业技能包括三点：一是能够将专业操作技能以及新型技术应用于生产中；二是能够进行与专业相关的组装、设备使用、维修，同时能够灵活应用专业工具软件；三是具备工程设计、技术开发的创新能力。所以说，"双师型"教师是一种集理论和实践于一体的复合型人才。

第二，教学与科研的结合。"双师型"教师除了要掌握一定的专业理论与实践教学能力，还需要能够进行应用技术的研发。"双师型"教师主要从事企业的研发工作，解决企业的技术难点和应用研究问题。如今，社会对行业企业的应用技术服务要求越来越高，这需要"双师型"教师具备较高的应用技术研发水平，不断提高自己的技术创新与技术开发能力。与一般学术型高校教师所进行的基础理论研究有所不同，"双师型"教师所进行的研究侧重于技术应用的研发。

第三，知识与技能的结合。"双师型"教师的知识素养主要体现在教育知识和专业知识等方面，而其技能表现在教学过程中的技能指导能力、结合行业发展的技术跟踪能力以及技术的开发能力，如外贸专业的教师的专业知识有业务知识（具体包括国贸、国贸实务以及国际商法等）和外语知识，其专业技能有教师技能、价格核算以及合同措施等。

第四，教育与专业的结合。"双师型"教师具备教育与专业两个领域的知识、能力以及素质，需要考取教育领域的教师资格证以及某个专业领域的职业资格证。"双师型"教师要具备横跨两个工作领域的专业能力，其中一个是针对某一职业的能力，另一个是针对教师的教育能力，这两个方面是互相融合、互相促进的，这样，"双师型"的教师才能成长为一名专业的教育工作者。

简而言之，"双师型"教师结合了专业、教育以及职业三方面的素养，具体包含以下内容。

"双师型"教师的专业素养：理论知识层面是指对所研究领域的基础理论有一定的了解；实践运用层面是指能将所学的专业理论知识运用到实际工作中，具有较强的实际操作能力；研究创新层面是指能够在本学科展开科学研究和创新。

"双师型"教师的教育素养：在理论知识层面，即对教育理论有较深的了解；在实践应用层面是指能够有效地从事专业教育的相关工作；在研究创新层面表现在能进行专业教育研究，在专业教学理论、专业课程理论等领域取得了一定的成就。

"双师型"教师的职业素养：在理论知识层面，能够掌握与本专业相关的行业资讯，并且可以把最新的职业动向和科技革新的资讯整合到自己的教学工作中去；在实际运用层面，指具备在相关专业领域内的技术操作能力，并获得与之对应的职业资格认证；在研究创新层面，指在面对技术变革以及职业发展所带来的挑战时，能够进行职业动向的理论研究。

（二）职业角色的专业性

首先，分析"双师型"教师形成的时代背景，了解其形成的原因在于其对专业价值的追求。"双师型"是在职业教育教师专业化的探索过程中提出来的。早在1985年5月，《中共中央关于教育体制改革的决定》指出："师资严重不足，是当前发展中等职业技术教育的突出矛盾。各单位和部门办的学校，要首先依靠自身力量解决专业技术师资问题，同时可以聘请外单位的教师、科学技术人员兼任教师，还可以请专业技师、能工巧匠来传授技艺。要建立若干职业技术师范院校，有关大专院校、研究机构都要担负培训职业技术教育师资的任务，使专业师资有一个稳定的来源。""双师型"教师是在对职业教育教师进行专业化探究的基础上，逐渐发展起来的一种独特的职业认同，它反映了一种专业的价值追求。"双师型"适用于所有对职业教育教师的要求。"双师型"师资是高职院校教师的一种"职业化"的职业角色代言人，它在高职院校中具有特殊的地位。

其次，"双师型"师资的标准要求，也反映了教师职业身份的专业性；"双证"是由教师资格证书与职业技能证书共同构成的，是代表教师职业身份的专业性的标识。"双师型"教师还有一个特定身份，便是某行业的专家，这也是体现"双师型"教师专业性的一点，也是高职院校教师与一般院校教师有所不同的最为显著的特征。

最后，要想培养优秀的"双师型"教师，需要专门的培养机构与途径，不能仅依赖于一些工厂企业以及普通高校。这在一定程度上也反映出了"双师型"教师具有高度的专业性，且是不可替代的。"双师型"教师要经过学校和企业双重培养，也就是要经历工程技术教育、工程技术实践、职业技术师范教育和职业技术教育四个过程，只有这样，才能真正培养出优秀的"双师型"教师。此外，"双师型"教师需要精通三种以上的专业，即学术类、教育类、工艺类或职业类专业。

简而言之，"双师型"教师的专业化，已经逐渐成为职业教育教师所追求的形象代表。我们知道"双师型"教师是一种专业，目前，关于"双师型"教师的专业素质、专业发展、能力结构等问题的讨论，正是对这一专业理论的深入与推进。在此基础上，对"双师型"师资队伍的专业化水平进行深入的研究，具有十分重要的现实意义。

（三）成长过程的实践性

人们对于"实践"一直都有着多元化的理解，"双师型"教师的成长过程具有一定的实践性。著名学者亚里士多德曾把指导实践的理论叫作"实践智慧"，他主张只有在特定的情境下才能证明自己，并且始终处于由信仰、习惯、价值等组成的关系中，也就是说处在伦理之中。伽达默尔（Gadamer）主张："首先人们必须清楚'实践'（praxis）一词的含义，这里不应予以狭隘的理解，例如，不能只是理解为科学理论的实践性运用。当然,我们所熟悉的理论与实践的对立使得'实践'与理论的'实践性运用'相去甚远,而且可以肯定的是对理论的运用也属于我们的实践,但是,这并不是一切。'实践'还有更多的意味。它是一个整体,其中包括了我们的实践事务、我们所有的活动和行为、我们人类全体在这一世界的自我调整。我们的实践——它是我们的生活形式(lebens form)。在这一意义上的'实践'就是亚里士多德所创立的实践哲学的主题。"[1]德国当代著名哲学家哈贝马斯(J.Habermas)在其名著《知识与人类兴趣》(*Knowledge and Human Interest*)一书中系统阐述了兴趣理论,主要是对人类理性的基本看法。他认为人类存在三种基本的兴趣——"技术兴趣""实践兴趣""解放兴趣"。"技术兴趣"是通过与合规律(规则)相一致的行动来控制环境;"实践兴趣"是基于对意义的"一致性解释",并通过与情境的互动来认识周围环境;"解放兴趣"是指作为人的自主性行为而产生的"解放"与"权力赋予"的基本兴趣。此外,"实践的认知兴趣"引导着人对自己的交往行为的理解与处理。它以"语言"为媒介,其研究对象领域为"关于人及其表现的对象领域",关注人与人之间关系的"可能性诠释"。"解释"是构成"可能的知识"所依赖的基础范畴,这一概念引出了"历史的解释的科学"。它是在两个主体之间进行的,是一种平等对话的关系,同时是区别于技术兴趣的一种主客体之间一方占据主导的控制关系。实践行动以"善"为导向,既要以"善"为目标,又要把"善"作为行动的过程。从哲学家的视角来看,实践并不只是在行为层面上的一种运用和活动,它贯穿着主体的个性张扬,彰显着人类群体的伦理价值,体现着人文关怀。

"双师型"教师成长过程中的实践性也具有丰富的含义。首先,"双师型"教师的成长过程中的实践是在一个交互的情境中进行的。在过去的十多年里,我国教师专业化的发展呈现出两种明显的倾向:一是倾向于用"教师的终身学习"取代"教师专业发展";二是倾向于从以教师个人的学习为中心,转变为以实践共同体来激励教师的发展与成长。

其次,"双师型"教师在成长历程中所具备的实践性,是一种个性化的价值经验。有学者曾说,教育实践并不仅仅是将所学到的知识运用到实际操作中去,

---

[1] 杜特,伽达默尔,金惠敏.什么是实践哲学——伽达默尔访谈录[J].西北师大学报(社会科学版),2005,42(01):7-10.

它还要求将"老师的判断"作为媒介，也就是在不确定性条件下，教师要学会改变、适应、掌握和发明。事实上，"双师型"教师的成长并非模式化，也非理论性的灌输与技能的转化，更多的是"双师型"师资的自我批判与反省。"双师型"的内涵更多地体现为生产实践艺术与教育教学艺术的结合。

最后，"双师型"教师的成长过程的实践需要教师处于真实且特定的情境中。如今，一些职业院校中大部分的教师来源于普通高校，他们当中大部分人没有在学校里工作过，其教学实践经验也很少，因此技能运用能力和实际操作能力都比较差，无法对学生进行很好的技术演示和引导。所以，从这一点可以看出，"双师型"教师在成长过程中的实践十分重要。此外，"双师型"教师所要教授的学生与受普通教育的学生不同，正因如此，就更加要求教师掌握丰富的专业知识，通过对职业院校学生的深入了解，把握其特点与成长规律，来形成与之相应的教育观和学生观，并灵活运用自己丰富的实践经验来教育学生。这就要求"双师型"教师在教学实践中不断完善自己。所以，对"双师型"教师的培养就是其在企业中进行生产实习的过程。例如，德国实行"双元制"，即担任职业教育的教师需要获取博士证书，且至少要具备5年企业实践的工作经验；美国政府规定，在社区学院任教的教师，至少要有3年以上的实践经验；日本职业学校担任专门课程的教师必须是硕士学位，并在各类学校、机构、工厂中从事与教学内容相关的工作或与科技相关的工作，专业科目的修读年限与从事此项工作的总时间规定要超过6年。

综上所述，实践是"双师型"教师在成长过程中的重要保障。作为一种特殊的职业，教师教育工作最大的特点就是它的育人性。因此，"双师型"教师的教育艺术是以实践为基础形成的，而非单纯的教育技术。

（四）价值功能的应用性

培养"双师型"教师的目的是教授学生职业技能、技术技能的应用实践。

如深圳高级技工学校"双师型"教师让毕业生"零距离"上岗，培养了高技能人才。该校的师资水平较高，大部分专业教师有着一定的企业工作经验，一些教师曾在企业担任总工程师以及行业技术专家，甚至一些教师在行业内就有较高的影响力。许多教师具有讲师以及讲师以上的专业技术职称和技师、高级技师职业资格认定。理论与实践"一体化"的教学方法、课程内容紧跟市场、校企密切协作的办学模式，使学生实现从校园到企业"零距离"就业。深圳高级技工学校（简称深圳技师学院）对教师的培养提出了四点要求，即具备职业教育能力、具备"双师"能力、具备"一体化"教学能力、具备科学研究能力。很多用人单位都反馈说，该校的学生在实践方面非常出色，基本不需要进行任何专业的技能训练就能直接进入工作岗位，并且他们的职业意识和学习能力也很强，发展后劲很大。

"双师型"教师通过提高授课质量以及给予高职生课外就业帮助，在一定程度上提升了高职生的就业质量。"双师型"教师具有较强的实践能力，能够为学生清楚地讲解与之相关的实际工作情况。同时，教师还可以将已有的社会资源优势转变成课外就业帮助优势，从而更好地引导学生就业。

"双师型"教师是职业院校一项重要的办学特点。"双师型"的专业培养是促进职业教育发展的前提，也是保障职业教育质量的重要手段，只有培养出"双师型"教师才能真正适应企业发展的要求，推动职业教育公平发展，同时提升教师的文化传承能力。"双师型"教师熟悉企业的用人标准，了解企业生产中的最新技术和流程，并能按照相关要求进行有针对性的教学，从而培养出满足企业生产需求的技术和技能人才。研究表明，"双师型"教师同时具备丰富的专业知识以及精湛的技术技能等，一直是专业建设的"主力军"，在专业建设的部分环节中有着重要的作用。比如，"双师型"教师在课程开发以及建设中起到了十分关键的作用，"双师型"教师熟悉本专业的高技能人才的岗位需要具备的知识、能力和素质，他们可以对课程体系和教学内容进行合理的设计，为培养目标的达成提供支持。此外，"双师型"教师与企业专家联手开发出与专业相关的教材，并且这些教材体现出工学结合的特色，在课程设置、教材建设、精品课程建设等方面起到了骨干作用。

同时，在社会服务能力方面也能体现出"双师型"教师的价值功能应用性，"双师型"教师的社会服务主要是指对企业员工进行技能培训以及为企业生产进行技术研发。因此，"双师型"教师在专业建设、产学合作、校企合作等方面都具有显著的优势，具有很强的领导力。

第二节 "双师型"教师认定理论

一、职业教育教师专业化理论

构建"双师型"教师认定制度的根本宗旨是为职业教育教师队伍的完善与建设提供制度支撑，它不仅对职业教育的整体发展有促进作用，还对从事职业教育的教师的未来发展有导向作用。职业教育教师专业化的已有研究对"双师型"教师资格认定制度研究有重要意义。

（一）职业教育教师专业化的内涵

"教师专业化"的概念在20世纪60年代开始出现，我国是在20世纪90年代末开始兴起对教师专业化的研究。"专业化"是一个社会学的概念，它是一个由一般职业群体经过一段时间逐步达到职业规范，成为一种专业性职业，并取得与之相对应的职业身份的过程。从专业化的定义可见，专业化需要有某个职业作为载体，面向的是相关职业群体，衡量的依据则是其专业标准。不同的职业群体需要达到相应的专业标准并能获得一定的专业地位。从教师所从事的教育事业来看，教师作为稳定的职业群体，有相当的专业地位，符合专业化的概念界定。教师专业化，是指教师在其职业生涯的全过程中，经过终身的职业训练，学会了教育专业的知识和技巧，实现了专业的独立性，体现了专业的道德，并且不断地提升自己的素养，最终成为一名优秀的教育工作者。从这个概念中可以看出，教师专业化的最终目标是使教师成为优秀的教育工作者，具体表现为教师获得进行教育教学的能力，可实现专业自主，具有专业道德。实现这一目标的手段就是通过终身专业训练，逐步提高自身素质。这些要求是针对所有教师而言的，从个体角度看，它是需要每个个体都能实现专业不断发展的过程；从群体角度看，它是期望教师这个职业群体可以通过不断提高的专业化水平而获得社会不断认可的过程。

我国对职业教育教师专业化的关注到21世纪初才开始出现，比较有代表性的观点有如下几种。

第一，职业教育教师专业化是一个职业教育教师职业化的过程。职业性是区别职业教育与普通教育最为显著的特征，职业教育的职业属性主要表现为职业性原则，它的内涵不仅对职业劳动（实际从事的社会职业或工作岗位）的维度进行了规制，还对职业教育（专业设置、课程开发和评估）进行了规制。职业性又直接决定着职业教育教师所应具备的职业教育教学的知识结构与能力素质，即职业教育教师专业性的重要体现。因此，职业化可从两个角度理解：一方面，从教师职业的普遍性看，不断提高的教师专业化水平将越来越贴近教师的标准，不断获得的知识与能力也将越来越满足教师岗位的要求；另一方面，从职业教育教师的特殊性看，职业化是教师教育与社会职业的融合，如德国职业教育专业也被称为"教育职业"（ausbildungsberuf），即"职业专业"，而非"学科专业"。职教师资培养更加注重教师通过教育教学对职业所需的知识与能力进行转换。

第二，职业教育教师专业化是"双师型"教师特征凸显的过程。"双师型"教师是具有我国职业教育特色语境的名词，它主要是指既具有理论教学能力，又具有实践教学能力的高职院校教师，重点体现了我国高职院校教师培养人才的规格。

在特点方面，"双师型"特征是由职业教育教师从事职业的特点决定的，即职业教育及其教育教学的特殊性决定的。也就是说，职业教育教师不仅要具备普通教育教师的专业化，还应具备职教师资培养的特殊性；不仅要具备教育教学能力，还应具备职业实践基础；不仅要有职业教育基本理论的知识，还应有相关专业和职业工作过程的知识。可见，"双师型"教师特征凸显的过程是对高职院校教师专业化要求具体细化的过程。

第三，职业教育教师专业化是一个职业教育教师的管理和培训制度化的过程。"专业化"一般是指个体从事某个职业的专业能力不断提高的过程，即职业人员从新手成长为专家的过程。但是，一个成长过程的实现绝不能仅仅依靠碎片化的培养或自我修炼，还需要一整套科学合理的管理体系与培训制度。职业教育教师专业化的过程除了是个体不断努力的过程外，还是由多种主体共同作用的过程，其中就包含高职院校教师所受到的外在影响。最直接的影响来源于与教师相关的若干管理制度，包括目标引领、激励、保障、评价考核制度等。

每位教师经历师资或专业培养后进入教师岗位，就开始了教师的职业生涯。首先都是一名新教师。新教师不断在专业上提升，这种提升既源于个体对专业成长的需要，也源于外在提供的学习平台，最显著的表现就是教师需要根据成长的不同阶段参加相应的培训。职业教育教师专业化水平的提升一定与教师的培训质量密切相关。因此，对高职院校教师的管理与培训设计必须贯穿教师的整个职业生涯。

（二）职业教育教师专业化与"双师型"教师资格认定

①职业教育教师专业化要求催发了"双师型"教师资格认定制度的产生。近年来，职业教育迅速发展，现代职业教育体系初具雏形，职教师资培养培训日益受到重视。教育部等四部门联合印发的《深化新时代职业教育"双师型"教师队伍建设改革实施方案》中提出，要"坚持以习近平新时代中国特色社会主义思想为指导，贯彻落实习近平总书记关于教育工作的重要论述，把教师队伍建设作为基础性工作来抓，支撑职业教育改革发展，落实立德树人根本任务，加强师德师风建设，突出'双师型'教师个体成长和'双师型'教学团队建设相结合，提高教师教育教学能力和专业实践能力，优化专兼职教师队伍结构，大力提升职业院校'双师型'教师队伍建设水平，为实现我国职业教育现代化、培养大批高素质技术技能人才提供有力的师资保障"[①]。这也是对职业教育教师专业化水平提升的现实映照。虽然改革开放以来特别是党的十八大以来，高职院校师资队伍建设发展迅速，但在建设过程中仍然存在一些问题，如师资质量参差不齐、"双师"素质不突出、培养培训机制不健全等，职业教育教师专业化程度与普通教育教师专业化程度还存在一定距离。认真分析其产生的原因不难发现，无不与职业教育教师专业发展意识不强、专业发展方向不明、专业发展内容针对性不强、专业发展制度不完善等有关。

那么，如何才能让职业教育教师专业发展规范、有序、有效地进行也就成为职业教育教师专业化研究的重点，而"双师型"教师资格认定制度作为专业化发展的保障制度应运而生。例如，在广西"双师型"教师资格认定文件中，有对"双师型"教师概念的明确界定，有不同层级"双师型"教师资格的要求标准，也有对专兼职"双师型"教师的不同要求等。可以看出，"双师型"教师资格认定制度必须在满足职业教育教师专业化发展的要求、专业标准、教师培养培训需要的

---

① 教育部，国家发展改革委，财政部，等.教育部等四部门关于印发《深化新时代职业教育"双师型"教师队伍建设改革实施方案》的通知[J].中华人民共和国教育部公报，2019（11）：30-34.

基础上进行构建，旨在通过制度的建设为职业教育教师指明专业发展的方向，提升专业发展意识，明确专业提升路径等，从整体上提高职教师资质量。

②职业教育教师专业化价值取向为"双师型"教师认定指明方向。专业化是职业教育教师专业发展的价值取向，专业化既代表一个发展过程，也代表一种追求目标，它所关注的是从事职业活动的个体或群体的能力结构、层次或样态。专业化程度是职业教育教师不同发展阶段的衡量标准。职业教育教师专业化不仅需要确立教学工作的专业性地位，还应确立与其职业相关的职业标准。它的目标既是促进职业教育教师队伍质量的提升，也是促进职业教育教师个体的专业成长。"双师型"教师的认定也应以教师专业化发展为基本导向，考核评价不是终极目标，而是协助教师走完专业化发展的各个阶段。在"双师型"教师资格认定文本的研究中，应充分考虑教师发展的真正需要，结合职业教育办学的具体实际，最大限度地激发职教师资从教的动力与热情。由于职教师资来源的特殊性，不能仅从学历、职称或按照师范培养的标准来进行认定，还要考虑其以往的职业经历、所参与的企业项目及获得的技术技能类的荣誉等。对于从教后的教师，由于其"双师"的特殊性质，不仅要考察其在教学工作中所获得的成绩，还要考虑其在专业、发明专利、企业实践等方面的成就与工作。基于职业教育教师个体发展的现实性，应在认定的实践中把握好对以往经历、现实工作状况、未来发展空间三个方面的考量，尽可能着眼于每位职业教育教师的发展。

③职业教育教师专业化制度为"双师型"教师资格的认定确立制度保障。专业化是职业教育教师专业发展的必然选择，是职业教育教师成长为专家型教师的必经之路。《中华人民共和国职业教育法》提出，"各级人民政府应当采取措施，加强职业教育教师专业化培养培训，鼓励设立专门的职业教育师范院校，支持高等学校设立相关专业，培养职业教育教师；鼓励行业组织、企业共同参与职业教育教师培养培训"[1]。职业教育教师的专业化，是指教师的专业技能、专业水准、专业态度和专业精神的提升。所以说，实现职业教育教师专业化的过程，实际上就是一种内部和外部条件之间不断协作，二者相互促进的过程。其中，外在条件就是专业化制度的导向与激发。

---

[1] 全国人大常委会. 中华人民共和国职业教育法（最新修订本）[M]. 北京：中国民主法制出版社，2022.

目前，教师专业化建设的一项基本制度就是教师资格制度。通过教师资格制度，能够控制教师职业准入标准，提高教师质量，保证教师任用的科学化、规范化和标准化。然而，教师资格制度是对所有教师入职的准入要求，对职业教育教师的资格认定还不具有典型的职业特征。所以，要研究制订职教教师资格的认证方法，对职教教师的准入制度进行严格的规定，尤其要突出的是，必须要经过系统的职教教师教育培训，合格的人才可以从事职业教育。"双师型"教师资格认定制度则是对职业教育教师专业化进行的制度上的完善，凸显了职业教育教师的特殊性，也为职业教育教师未来的专业发展之路指明了方向。

二、人力资本理论

把资本这一理念引入人的身上，来揭示人的潜能开发的内在机理，以及它与整个经济活动之间的内在联系，它常常运用于与经济相关的多个领域。职业教育人才培养与经济发展的关系紧密，它培养的各个层次的技术技能型人才对当今产业转型、经济良性发展有着极为重要的意义。对作为培养人才生力军的职业教育教师而言，其作用更是不言而喻。因此，如何对职业教育教师人力资本进行有效开发是关乎职业教育、经济发展的重大问题。

（一）人力资本的概念

20世纪50年代末，人力资本思想萌芽，20世纪60年代，在特定历史条件下，人力资本应运而生，如今，人力资本理论蓬勃发展，经过60多年的理论研究与实践探索而不断充实与完善，对社会经济、教育改革以及人的发展都产生了重要影响。

"人力资本"这一概念是在20世纪60年代以后，由经济学者首次定义的，并对其构成要素进行了划分。舒尔茨（Schultz）是第一个对人力资本进行研究的学者，他在20世纪50年代就认识到了人力资本的重要意义，并对其进行了开创性的论述，发表了多篇与之相关的文章，如《人力资本投资》《对人投资的思考》等。

在经典的经济理论中，土地、资本、劳动力是影响经济增长的三个要素，而土地又是相对固定的，所以资本和劳动力要素成了经济增长模型中主要的两大要素。但是，舒尔茨在经验研究的基础上认为，无论是实物资本、自然资源，还是劳动力，都无法充分地解释生产力的增长。人力资本是促进经济增长的重要生产要素。人力资本往往是指通过人力资本投资所开发形成的人的各种能力的总和。

人力资本一般划分为三种形态：一是体能或身体素质；二是智能或科技文化素质；三是德行或道德素质。一个人在这三方面的素质越高，其人力资本的含量就越高。人力资本理论认为，在接受教育的过程中，人们获得的知识与能力也是一种资本，即人力资本，与物质资本相比，两者在某种意义上具有相似之处。人力资本具有较高的质量和较高的回报率，因而在企业中具有很大的重要性。人力资本理论的研究重在把人口质量作为一种资本资源，旨在通过人力资本开发突破原有传统资本的局限，提升某个领域群体、劳动力的人口素质，从而促进社会经济的发展。通过对人力资本的形成、人力资本的运用与管理、人力资本如何促进经济增长等内容的研究，可以让我们深入思考如何促进"双师型"教师人力资本的深度开发，实现"双师型"教师队伍素质的整体提高与人才储备。

（二）人力资本投资与教师职业培训

学校教育投资是促使个体通过完成正规教育而获得系统化理论、技能知识的投资，即通过教育提升受教育者的人力资本水平。职业培训投资也叫非正式教育投资，主要是指在正规的学校之外，由公司或其他组织为提高员工的生产技术、学习新的技术而进行的一种教育培训，各种技术培训、学徒制、现场技术示范、跟岗实践等都属于此种投资形式。职业培训投资可视为学校教育投资的补充，劳动者从事一个职业后，人力资本的积累更多来源于职业培训。可见，对于职业教育师资的人力资本投资，除了学校教育的投资外，更多来源于职后的职业培训，它需要更贴近教师的教育教学实践。教师的职业培训不仅可以由学校提供定期培训机会，也可以由学校以外的企业或其他机构为教师提供技术技能等教育与培训，这在企业实践中是不能忽视的重要经历。培训形式可以分为多种，如跟岗学习、脱产学习、企业实践、理论学习等。培训需求可根据学校发展实际、生产技术发展实际、个人成长实际等内容来制订。

由此可知，在技术技能型人才培养一线的职业教育教师不能忽视教育投资与企业培训的双重效能。职业教育教师除了要具备一定的理论知识，还要掌握一定的教学方法和技能，对企业中的一些工作流程的技术、规范、程序和操作等方面的要求有一定的了解；除了将业界的企业资料导入课堂外，还可以在实际工作中进行详细演示。只有"双师"特性突出的教师才能胜任职业教育教学工作，只有具有学校学习与企业锻炼经历的教师才能对接市场岗位的要求。企业因素是高职院校教师人力资本形成的主要媒介。因此，在研究"双师型"教师资格认定体系中，应考虑将企业锻炼、学习经历作为认定的硬性条件，可把企业工作、技能水平等置于拓展条件中，以此凸显在"双师型"教师培养过程中教育投资与职业培训同等重要的地位。

（三）人力资本理论与"双师型"教师资格认定

①人力资本研究为"双师型"教师资格认定提供了理论支撑。在现代人力资本理论的发展阶段中，舒尔茨发现人力资源以及针对改善人口质量的投资都对经济发展起到至关重要的作用。要想获得高质量的产品或者收益，除了要对物质资本进行改进外，还应提升人力资本素质，通过投资使人的生产能力有所提高。在当代人力资本理论发展中，美国经济学家罗默（Romer）、卢卡斯（Lucas）构建了"内生性增长模型"，提出了"新经济增长理论"，将人力资本视为重要的内生变量，强调人力资本的积累是经济增长的主要因素。

人力资本理论研究为"双师型"教师资格认定奠定了较好的理论基础。对教育和学校而言，教师人力资本是其重要的内生力量，它对提高教育质量、促进学校发展有至关重要的作用。高职院校教师的人力资本，就是借助个人、家庭、学校、社会等方面的资金投入，而体现在高职教师身上的一系列的健康、知识、技能等各个要素的综合，反映为能够提升高职教学质量的能力。对高职院校教师人力资本的研究是加强职教师资队伍建设的切入点。"双师型"教师资格认定体系的研究实际上是对高职院校教师人力资本开发的研究，旨在通过认定工作的开展，实现高职院校教师队伍素质的整体提升，进而促进职业教育质量的提高。"双师型"教师资格认定工作的开展，一方面是对高职院校"双师型"教师人力资源进行更好的管理，确立"双师型"教师的标准；另一方面，通过提出"双师型"教师人力资本开发的策略和方向，改进人力资本质量，提升高职院校教师的"双师"素质。

②人力资本理论所蕴含的人本理念为"双师型"教师资格认定确立了基本立场。人力资本理论丰富了资本的概念，将其扩展到人，将人视为资本或财富，提

高了人力资本投资的重要地位。人力资本不同于物质资本完全依赖于物质生产过程，它的功能在于开发、积累人的智能、体能与技能。对人力资本投资的加大实质上可以提高劳动者的知识水平、生产技能和熟练程度，从而有效提高劳动生产率，提升劳动者的素养。例如，企业人力资本投资是指企业在完成物质产品生产的同时，对人力资本的生产（也就是对其员工质量提升）所创造的各种可能性条件。对于教师人力资本投资而言，就是为师资素养提升所给予的各种可能性条件。而且人力资本投资不是单独行为，它是一种连续性的长期行为，并随着社会发展实际不断调整投资内容与方向。通过不断的教师人力资本投资，可以促进职教师资人力资本积累和职教师资团队建设。

因此，对人的关注与投资会进一步加深对"双师型"教师人力资本积累的重视，它为"双师型"教师资格认定奠定了人本理念的基础，如何促进高职院校教师群体的发展、发挥高职院校教师的主观能动性也就成为"双师型"教师资格认定主要考量的内容。

③人力资本投资的形式与运用为"双师型"教师资格认定指出了具体的原则与要求。舒尔茨曾提出人力资本投资的五种形式，其中最为重要的一项为学校教育的投资形式。加里·贝克尔（Gary Stanley Becker）在学校教育投资的基础上提出了劳动培训的重要性。从他的理论中可知，对职业教育投资的收益要高于其机会成本。可见，对人力资源的开发，学校教育是主要方面，但也不能忽视培训的作用，对于职业教育的投资力度也不应低于普通教育的学校教育投资。由于职业学校教师是提升职业教育质量最为重要的人力资源，投资就不能脱离职业教育教师能力素质提高的核心命题。"双师型"教师资格在认定工作中，结合人力资本投资的具体形式以及职业教育"职业性"的特殊属性，除教师所应具备的专业教育教学能力外，还应具备相应的专业实践能力，也就是重点突出了职业教育教师在企业学习培训的经历，给予职业教育教师每年下企业实践的时间要求，并对技术创新、发明制造、专利申请等都有所侧重，真正体现了职业教育教师人力资本投资的方向与职业教育的特殊性。

三、教师人力资源管理制度

教师人力资源管理制度中所管理的对象并不是教师个体，而是对教师这种高层次的人力资源进行开发、利用、保持的管理与协调。"双师型"教师资格认定制度的确立是对教师人力资源管理制度的完善，是对高职院校教师人力资源管理效益的提升，未来它将成为高职院校用人、育人、激励、考核等各方面机制建设所考量的重要依据之一。因此，教师人力资源管理制度相关理论也为"双师型"教师资格认定提供了理论指导与操作框架。

（一）教师人力资源管理制度的含义

人力资源是一定范围内的人所具备的劳动能力的总和，也称为"人类资源""劳动力资源"。人力资源是人的一种能力，而不是直接指劳动者。研究者一般会从数量与质量两个方面对人力资源进行研究：数量是指一个国家或地区中具有劳动能力、从事社会劳动的人口总数或其在人口总数中所占的比重；质量是指劳动者个体及群体创造社会价值的能力，能间接反映出一定范围内特定时期的人力资源质量状况。教师作为教育事业发展的人力资源，是学校人力资源管理的主要对象，只有对其进行合理的引导、规划与管理（既要考虑教师的数量控制，也要保证教师素养素质的提高），才能充分调动教师的积极性与创造性。

教师人力资源管理，具体来说，就是教育组织内部相关的人事管理组织和相关人员计划、指挥和控制教师人力资源的获取、开发以及利用，其目的是使某个组织或系统中运用于教育教学活动中的所有财力、物力和教师人力保持最佳比例，以便最大限度地发挥教师的教学潜力，提升教育工作的质量，满足社会对教育产品的需求，由此达到组织的教育目标。"双师型"教师人力资源的获取、开发以及利用是高等职业学校教师人力资源管理的一个关键环节。当前，我国职业教育已经由浅层次的跨组织联结向"产教命运共同体"转变，这需要更高的组织耦合度。随着高职院校间合作主体关系的持续演变，院校内的人力资源管理也随之出现了新的形态，学校与企业组织边界内传统意义上的人力资源职能向外溢出，加深了跨边界人力资源的外部角色，即"双师型"教师。怎样才能通过一套行之有效的教师人力资源管理制度助力于"双师型"教师队伍的建设，以及怎样对校企组织内部人力资源管理机制以及外部合作方式进行调整来使得教师更好地适应跨界角色，并能采取多种措施打造柔性、精准的"双师型"教师团队等问题，都是高职院校教师人力资源管理制度确立所迫切需要解决的问题。

教师人力资源管理制度包括教师的录用、评聘、调配制度，教师的培养、培训制度，教师的考核、激励制度，教师的薪酬、福利制度等，其目的是提高教师素质和教育工作绩效。若想对高职院校教师人力资源进行系统化管理并使其实现科学可持续发展，就要先确立各种促进"双师型"教师发展的制度，并不断完善相应的体制。要提高学校行政工作的效率，一是要确定学校"产品"（学生）的理想标准；二是规定学校的生产方式和程序；三是生产者（教师）必须具备的资格和工作准则。因此，只有明确"双师型"教师标准与资格认定制度，才有助于推进教师人力资源的持续开发与保持；只有建立良好的"双师型"教师人力资源管理体系，才能加强职业学校运行的活力与生命力，最终提升职业学校教师的素质与职业教育质量。

（二）教师人力资源管理制度与"双师型"教师资格认定

①教师人力资源管理制度为"双师型"教师资格认定确立管理理念。教师人力资源管理中最为重要的几个环节为教师人力资源的取得、开发、利用和保持，也就是对教师人力资源的规划、录用、评聘、配置、培育培训、考核和激励。例如，教师的引进与录用应以学校发展总体战略为指导，在分析现有师资队伍结构、师资管理、培养和使用等情况的基础上，结合学校办学实际，依托重点、优势学科与专业，同时全面考虑学校整体发展，制订教师人力资源需求计划。又如，师资培训体系的建设与发展应是学校人力管理部门工作的重点，积极拓展各种形式的培训，不仅包括校内培训和校外培训，还包括线上培训与线下培训等，同时这些培训要相互融合，以促进教师专业化的发展。可见，教师人力资源管理的目标，一是要保持教育组织、教育机构中教师人力资源的数量、质量、结构都能满足教育发展的要求，促进教育质量的提升；二是要满足教师成长的需要，促进其实现教师专业化发展。因此，教师人力资源管理也延续了人力资源管理理论的人本原则，一切制度的设计都基于"尊重人、关怀人、发展人"的人本原则进行，人本原则为"双师型"教师资格认定工作确立了管理的基本价值取向。

"双师型"教师资格认定制度的形成不仅仅是为了提升高职院校教师管理的效益，而是着眼于高职院校教师的未来发展而考量的。例如，广西"双师型"教师资格认定标准既兼顾了专业课教师，也兼顾了文化课教师；既兼顾了专职教师，也兼顾了兼职教师；既考虑了教育教学研究成果，也考虑了专业技能实践类成果；

既采用了认定条件的基本"门槛"设置,也设置了特殊人才的"破格"条件;既有动态认定标准,也有相应的激励措施辅助。它通过全盘考量标准设置的可行性与可操作性,促使每位教师都可以找到自身发展的方向与成长路径,并且不断充实职业教育"双师型"教师队伍和提高其质量。

②教师人力资源管理制度为"双师型"教师资格认定提供制度设计基础。目前,我国高等职业院校还没有建立起"双师型"教师的认证制度,兼职教师以及中老年教师比例偏低,研究生及以上学历的教师更是少之又少,同时缺乏高水平的专业技术人才。此外,职业学校的教师评聘制度还存在着重理论轻实践、重学历轻技能的普遍现象。我们要不断地从战略上提高对"双师型"教师的理解,并积极探索出一套符合中国国情的"双师型"教师培养模式,完善"双师型"教师队伍人力资源管理制度。"双师型"教师资格认定制度是职业院校教师人力资源管理制度的组成部分,它的形成与发展离不开教师人力资源管理制度的基本特点和基本原则。教师人力资源管理制度的能力导向、发展周期性、考核综合性等特征为"双师型"教师资格认定体系的基本样态确立了一定依据。也就是说,"双师型"教师资格认定制度应是集能力发展、动态认定、考核激励于一体的"双师型"教师管理制度,它的能级原则、系统原则、人本原则为"双师型"教师资格认定体系的形成确立了基本原则。

③教师人力资源管理制度为"双师型"教师资格认定提供实践范式。教师人力资源管理制度在正式实施之前,需经过多个环节的斟酌与考量,它有一套人力资源管理规章制订的步骤,这为"双师型"教师资格认定文本的落地提供了一定的启示。

第三节 新时代对高职院校"双师型"教师专业发展的要求

职业教育教师政策框架由法律层面的宪法、教育法、教师法、职业教育法等,以及中共中央、国务院法规文件,行政职能部门文件(教育部、人力资源和社会保障部等)等进行规定,本书在此通过对政策进行分析来把握新时代国家对高职院校"双师型"教师发展的新要求。

一、教师专业发展概述

教师专业化是指教师职业具有自己独特的职业要求和职业条件，有自己的理想追求，有自身的理论基础，有自觉的职业规范和培养制度以及管理制度。高度成熟的技能技巧具有不可替代的独立特征，教师不仅是知识的传递者，还是道德的引导者，思想的启迪者，心灵世界的开拓者，情感、意志、信念的塑造者；教师不仅需要知道传授什么知识，而且需要知道怎样传授知识，知道针对不同的学生采取不同的教学策略。教师专业化既是一种认识，更是一个奋斗的过程；既是一种职业资格的认定，是一种终身学习、不断更新的自觉追求，更是现代职业教育"双师型"教师培育发展的一处路标。

教师职业从经验化、随意化到专业化，经历了一个逐步发展的过程。如果从现代教学形式班级授课制的建立，教师开始成为一种专门职业算起，教师专业化已经经历了300多年的历史。20世纪80年代以来，教师专业化形成了世界性的潮流。教师专业化要求教师不仅应是有知识、有学问的人，而且是有道德、有理想、有专业追求的人；不仅是高起点的人，而且是终身学习、不断自我更新的人；不仅是学科专家，而且是教育专家，具有像医生、律师一样的专业不可替代性。这就对现代职业教育"双师型"教师培育提出了新的要求。因此，关注教师专业化，敏锐地感应这种变化、抓住机遇、迎接挑战是新时代职业教育"双师型"教师培育必须面对的重要问题。

在当前新形势下，"双师型"教师是综合考虑职业教育培养技能型人才的需求来对专业课教师的素质以及综合能力提出更高要求的。"双师型"教师的专业发展是指专业教师在教学实践中不断学习、成长、再成长的一个过程，因此其内涵具备一定的职业性以及终身性的特点。此外，"双师型"教师专业发展包含两个阶段，其中，第一阶段是由专业教师逐步走向"双师型"教师的过程，第二阶段是"双师型"教师朝着更高层次的目标而不断努力，以致实现专业化的过程。这两个阶段都要求有清晰的指导方针以及明确的指标界定。"双师型"教师的专业发展，不仅体现在教师的职业领域，还体现在产业企业的职业生涯中，使"双师"具有了双重职业性质。随着我国经济的发展、技术技能的完善优化、高职院校教学改革的持续深入，"双师型"教师的专业成长目标具有动态性和发展性。"双师型"教师的专业发展是一个永无止境的过程，它应当归属于"终身学习"的范畴。

二、新时代对"双师型"教师专业发展的要求分析

(一) 中共中央、国务院法规文件中的要求

1. 中共中央 国务院《关于全面深化新时代教师队伍建设改革的意见》的要求

中共中央、国务院于2018年1月发布了《中共中央 国务院关于全面深化新时代教师队伍建设改革的意见》(以下简称《意见》),这是中华人民共和国成立以来,党中央针对教师队伍建设所制定的具有里程碑意义的纲领性文件,把教育、教师工作提升到了一个新的高度。中国梦的实现,关键在人才,基础在教育,根本在教师。全面深化新时代教师队伍建设,是中国特色社会主义进入新时代的必然要求。改革的目的是要培养造就党和人民满意的高素质专业化创新型教师队伍,提高教育质量满足人民日益增长的美好生活需要。《意见》指出,"教师承担着传播知识、传播思想、传播真理的历史使命,肩负着塑造灵魂、塑造生命、塑造人的时代重任,是教育发展的第一资源,是国家富强、民族振兴、人民幸福的重要基石"。《意见》中对新时代教师的要求如图1-3-1所示。

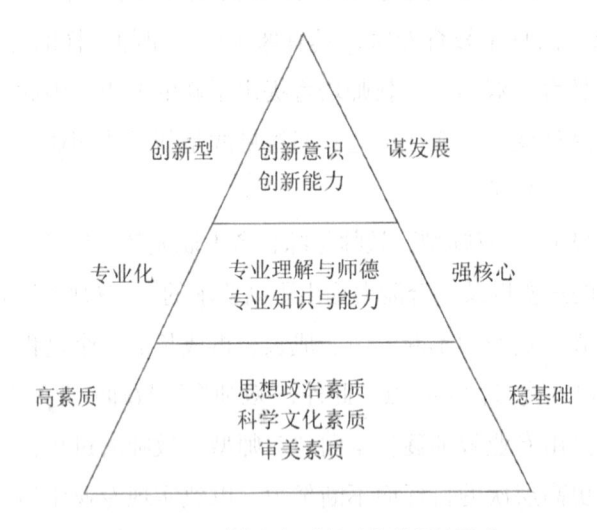

图 1-3-1 《意见》对新时代教师的要求

《意见》明确指出,高职院校教师队伍建设要做到:全面提升师资水平,建立"双师型"教师队伍;主要做法是:①持续推进职业院校教师质量提升工程,在全国范围内组建一支技术精湛、一专多能、"双师型"教师队伍;②推动职业

技术师范院校的建设进度，高职院校与大中型企业共同建立"双师型"教师培训基地，建立校企合作培养"双师型"教师队伍的相关机制；③积极推动高职院校的教师到企业实习，持续提高他们的实践教学水平；④建立企业管理人员和技术人员与高职院校的管理人员和骨干教师的双向兼职制；⑤健全高职院校教师队伍建设规范标准，探讨以企业工作经验为条件进行教育教学能力鉴定和专业教师资格认定的必备条件；⑥实施高职院校的聘用自主权，健全高职院校的聘用机制；⑦推行"固定岗"与"流动岗"相结合的高职院校教师人事管理制度；⑧健全高职院校教师考评体系，对"双师型"教师的考评要能反映其技术层次与专业教学能力的关系。

2.《中国教育现代化2035》的要求

中共中央、国务院于2019年2月发布了《中国教育现代化2035》，这是基于促进教育现代化、建设教育强国而提出的具有战略意义的纲领性文件。文件提出了总的目标：到2035年，我国教育基本达到现代化，进入教育强国的行列，推动我国成为学习大国、人力资源强国和人才强国。《中国教育现代化2035》从现实出发，着眼于当前，着眼于未来，瞄准我国教育发展中存在的突出问题和薄弱环节，提出了十大战略任务（图1-3-2），为我国教育现代化建设指明了方向。

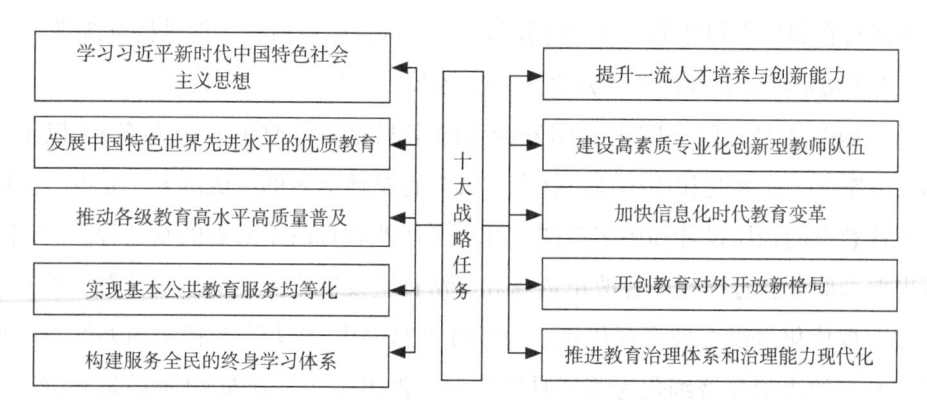

图1-3-2 面向教育现代化的十大战略任务

十大战略任务中有一项任务是针对教师队伍建设的，明确了师资队伍建设的目标：建设高素质专业化创新型教师队伍。培养专业化和创新型人才是新时期教师发展的必然趋势。具体做法包括：大力加强师德师风建设，将师德师风作为评价教师素质的第一标准，推动师德建设长效化、制度化。加大教职工统筹配置和跨区域调整力度，切实解决教师结构性、阶段性、区域性短缺问题。完善教师资格体系和准入制度。健全教师职称、岗位和考核评价制度。培养高素质教师队伍，健全以师范院校为主体、高水平非师范院校参与、优质中小学（幼儿园）为实践基地的开放、协同、联动的中国特色教师教育体系。强化职前教师培养和职后教师发展的有机衔接。夯实教师专业发展体系，推动教师终身学习和专业自主发展。提高教师社会地位，完善教师待遇保障制度，健全中小学教师工资长效联动机制，全面落实集中连片特困地区生活补助政策。加大教师表彰力度，努力提高教师政治地位、社会地位、职业地位。

从以上总结中可以看出，在新时代，"双师型"教师的专业化发展要以促进教师终身学习和专业自主化发展为主要方式。"双师型"教师的专业化发展要求有以下几个方面：①以终身学习为基本理念，持续更新知识结构，拓展知识领域，提高知识创新能力；②以专业自主为核心价值，根据自身的兴趣、特长和发展方向，制订个性化的专业发展计划，参与多样化的专业发展活动；③以教学实践为主要途径，注重理论与实践的结合，运用有效的教学方法和策略提升教学效果和质量；④以合作共享为主要途径，积极参与专业团队和社区的建设，与同行交流经验、分享资源，促进共同进步；⑤以反思评估为重要手段，定期对自身的专业发展进行自我反思和评估，找出优势和不足，制订改进措施，促进持续改进。

3.《国家职业教育改革实施方案》的要求

2019年1月，国务院正式印发的《国家职业教育改革实施方案》（以下简称《方案》），是新时代中国特色社会主义教育总体部署的组成部分，是办好新时代职业教育的顶层设计和施工蓝图，开启了职业教育改革发展的新征程。《方案》指出要把职业教育摆在教育改革创新和经济社会发展中更加突出的位置，没有职业教育现代化就没有教育现代化。为下好这盘大棋，《方案》把奋力办好新时代职业教育的决策部署细化为若干具体行动，提出了7个方面20项政策举措，因此《方案》又被称为"职教20条"。

《方案》在教师队伍建设方面的目标："双师型"教师（同时具备理论教学和实践教学能力的教师）占专业课教师总数超过一半，分专业建设一批国家级职业教育教师教学创新团队。主要措施包括：从2019年起，职业院校、应用型本科高校相关专业教师原则上从具有3年以上企业工作经历并具有高职以上学历的人员中公开招聘，特殊高技能人才（含具有高级工以上职业资格人员）可适当放宽学历要求，2020年起基本不再从应届毕业生中招聘。加强职业技术师范院校建设，优化结构布局，引导一批高水平工科学校举办职业技术师范教育。实施职业院校教师素质提高计划，建立100个"双师型"教师培养培训基地，职业院校、应用型本科高校教师每年至少1个月在企业或实训基地实训，落实教师5年一周期的全员轮训制度。探索组建高水平、结构化教师教学创新团队，教师分工协作进行模块化教学。定期组织选派职业院校专业骨干教师赴国外研修访学。在职业院校实行高层次、高技能人才以直接考察的方式公开招聘。建立健全职业院校自主聘任兼职教师的办法，推动企业工程技术人员、高技能人才和职业院校教师双向流动。职业院校通过校企合作技术服务、社会培训、自办企业等所得收入，可按一定比例作为绩效工资来源。

4.《关于推动现代职业教育高质量发展的意见》的要求

2021年10月，中共中央办公厅、国务院办公厅印发《关于推动现代职业教育高质量发展的意见》，明确提出，职业教育是国民教育体系和人力资源开发的重要组成部分，肩负着培养多样化人才、传承技术技能、促进就业创业的重要职责。在全面建设社会主义现代化国家新征程中，职业教育前途广阔、大有可为。同时，文件还对各个阶段的主要目标进行了阐述：到2025年，职业教育类型特色更加鲜明，现代职业教育体系基本建成，技能型社会建设全面推进。办学格局更加优化，办学条件大幅改善，职业本科教育招生规模不低于高等职业教育招生规模的10%，职业教育吸引力和培养质量显著提高。到2035年，职业教育整体水平进入世界前列，技能型社会基本建成。技术技能人才社会地位大幅提升，职业教育供给与经济社会发展需求高度匹配，在全面建设社会主义现代化国家中的作用显著增强。

在《关于推动现代职业教育高质量发展的意见》中，提出了加强"双师型"教师队伍建设的总要求：加强师德师风建设，全面提升教师素养。完善职业教育教师资格认定制度，在国家教师资格考试中强化专业教学和实践要求。制定双师型教师标准，完善教师招聘、专业技术职务评聘和绩效考核标准。按照职业学校生师比例和结构要求配齐专业教师。加强职业技术师范学校建设。支持高水平学校和大中型企业共建双师型教师培养培训基地，落实教师定期到企业实践的规定，支持企业技术骨干到学校从教，推进固定岗与流动岗相结合、校企互聘兼职的教师队伍建设改革。继续实施职业院校教师素质提高计划。

（二）行政职能部门文件中的要求

1."职教师资12条"的要求

2019年8月，教育部等四部门印发《深化新时代职业教育"双师型"教师队伍建设改革实施方案》（"职教师资12条"）。这是为了贯彻落实《国家职业教育改革实施方案》第12条提出的要"多措并举打造'双师型'教师队伍"而作的重要制度设计。"职教师资12条"针对当前职业教育"双师型"教师队伍建设难题和"短板"，提出12条解决举措（表1-3-1）。其主要从教师标准体系、培养补充、资格准入、培训发展、考核评价、待遇保障等方面提出具体要求和措施，重点体现在四个方面：一是完善"双师型"特色教师队伍建设；二是建设引领教学模式改革的教师创新团队；三是建设"国家工匠之师"引领的高层次人才队伍；四是建设校企人员双向交流协作共同体。

表1-3-1 "职教师资12条"的举措

"职教师资12条"的举措	建设分层分类的教师专业标准体系
	推进以双师素质为导向的新教师准入制度改革
	构建以职业技术师范院校为主体、产教融合的多元培养培训格局
	完善"固定岗+流动岗"的教师资源配置新机制
	建设"国家工匠之师"引领的高层次人才队伍
	创建高水平结构化教师教学创新团队
	聚焦1+X证书制度开展教师全员培训
	建立校企人员双向交流协作共同体
	深化突出"双师型"导向的教师考核评价改革
	落实权益保障和激励机制提升社会地位
	加强党对教师队伍建设的全面领导
	强化教师队伍建设改革的保障措施

①"职教师资12条"的总体目标如下：经过5—10年时间，构建政府统筹管理、行业企业和院校深度融合的教师队伍建设机制，健全中等和高等职业教育教师培养培训体系，打通校企人员双向流动渠道，"双师型"教师和教学团队数

量充足，双师结构明显改善。建立具有鲜明特色的"双师型"教师资格准入、任用考核制度，教师职业发展通道畅通，待遇和保障机制更加完善，职业教育教师吸引力明显增强，基本建成一支师德高尚、技艺精湛、专兼结合、充满活力的高素质"双师型"教师队伍。

②"职教师资12条"的具体目标如下：到2022年，职业院校"双师型"教师占专业课教师的比例超过一半，建设100家校企合作的"双师型"教师培养培训基地和100个国家级企业实践基地，选派一大批专业带头人和骨干教师出国研修访学，建成360个国家级职业教育教师教学创新团队，教师按照国家职业标准和教学标准开展教学、培训和评价的能力全面提升，教师分工协作进行模块化教学的模式全面实施，有力保障1+X证书制度试点工作，辐射带动各地各校"双师型"教师队伍建设，为全面提高复合型技术技能人才培养质量提供强有力的师资支撑。

2. 教学创新团队建设文件的要求

2019年5月，教育部发布了《全国职业院校教师教学创新团队建设方案》，旨在落实《国家职业教育改革实施方案》中关于采取多项措施建设"双师型"教师队伍的要求，探索建立高层次、结构化的教师教学创新团队，并开展"学历证书＋多个职业技能等级证书"试点工作。教育部高度重视职业教育教师教学创新团队建设，教育部教科司司长任友群在2021年1月召开的记者招待会上，对一年多来全国职业教育教师教学创新团队建设的工作进行了总结。

一是对全员进行全方位的培训，使团队教师的整体素质得到了全面提升。遴选清华大学等18个培训基地，在不同的专业范围内，对培训对象进行针对性的培训，提升他们的模块化教学设计执行能力、课程标准制订能力以及教学评价能力，累计对30多批学员进行了培训，累计培训35 000多人次。启动全国"工匠之师"创新团队海外培养项目，分批次选派骨干教师到德国进修，对国外"双元制"职业教育的先进经验加以吸收和转化。

二是创新线上培训，不断提升团队的信息化程度。2020年，与同济大学合作，在网上举办德国职业教育专题培训班，并与北京信息技术学院合作，对学生进行了远程培训，已对学生进行了三万余人次的培训，使其应用人工智能、大数据等技术的实践能力得到进一步提升。

三是大力推进多部门协同，提高团队建设的总体水平。通过科研合作、资源共享、学分互认等多种方式，就团队建设、人才培养、教学改革等方面进行600多次的合作研修。深化学校与学校的深度合作，联合发改委、国资委等部门，遴选中航航空、中铁等102家企业，并确定为第一批全国教师企业实践基地，确定了2 800多家企业为创新团队实质性合作企业，针对人员互聘、技术创新、资源共享等方面进行合作。

四是设立专题研究项目，使教学改革小组的实际工作取得了初步成效。围绕职业教育的教学、教材、课程、资源等方面的革新，围绕强化师资队伍的教学能力，建立与职业规范相匹配的课程体系，创新团队协作的模块化教学模式等几个方面，设立了123个重大专项研究项目，有122所高职院校把职业技能等级标准与专业课程教学相结合，构建了智能化教学支撑环境下的课程资源，其中包括655门精品资源共享课程和969门在线开放课程。

五是要发挥好"三教"改革的示范引领作用，以辐射带动其落实。各地学校根据自己的实际情况，与当地的重点专业群相结合，将省级以及校级职业教育教师队伍进行统筹规划，到现在为止，成立省级创新团队229个，校级团队1 200多个，省内团队协作共同体40多个。

从以上总结中可知，步入新时代，"双师型"教师的专业化发展要从以下几方面入手：一是加强对职业院校教师的培训，全面提升教师队伍的整体素质；二是发展线上培训平台与模式，提升教师队伍的信息化水平；三是加强院校与其他组织和机构的合作，开展"双师型"教师培训，提升教师队伍的整体教学和实践水平；四是重视专项课题研究，进行团队化的教学研究与改革；五是重视示范院校、示范教育基地等的建设，通过示范单位带动"三教"改革落实。

3. 其他重要文件的要求

《教育部 财政部关于实施中国特色高水平高职学校和专业建设计划的意见》提出，要按照"四有"的要求，造就一支数量充足、结构合理的"双师队伍"。培养和引进一批在行业内有威望、在国际上有影响力的专业群推举领军人物，重点培养一批能改善企业产品工艺和解决生产技术问题的骨干教师，共同培养一批技艺大师。邀请业界领军人物和名匠在外兼职授课。完善教师的职前培养、入职培训以及在职研修的一系列流程。建立教师发展中心，推动教师专业发展。要创新教师考评制度，构建以工作贡献与能力为导向，注重目标管理与目标考评相结合的绩效薪酬动态调整机制，达到多劳多得、优绩优酬的目的。

2019年5月，教育部等六部门印发《高职扩招专项工作实施方案》的通知（教职成〔2019〕12号）提出要推动教师教材教法改革。要实现立德树人的根本使命，要以"三全育人"的方式来教育学生，特别是要重视对专业精神、职业精神和工匠精神的坚守，把他们培养成一个德智体美劳全面发展的社会主义建设者和接班人。通过资源整合、专项培训、校企合作、"银龄讲学"等方式，以及社会力量兼职等方式，加强职业教育教师队伍的建设，加速紧缺专业教师的培养。为满足"互联网＋职业教育"的发展需要，研制适合不同学生特点的活页式和工作手册式的教科书，建立和利用好职业教育专业的教学资源库，推动优质资源共享，要对科技和技能人才的训练方式进行创新，根据不同的生源，对学生进行分类教学，因材施教。普及和推广项目式教学、案例教学、情景教学的教学方式，大力推广线上和线下结合教学，推动学生个性化学习。

第四节 新时代"双师型"教师专业发展制度建设

《深化新时代职业教育"双师型"教师队伍建设改革实施方案》（教师〔2019〕6号）指出，健全德技并修、工学结合的育人机制，构建"思政课程"与"课程思政"大格局，全面推进"三全育人"，实现思想政治教育与技术技能培养融合统一，弘扬职业精神、工匠精神、劳模精神。高职院校要以工匠精神为灵魂，着力打造高素质"双师型"教师队伍。作为坚守专业梦想、深耕专业前沿、敢于突破传统、善于推陈出新、传承践行工匠精神的重要力量，高职院校"双师型"教师承载着培养具有工匠精神的高技能人才的历史重担，如何培育"双师型"教师专业素质是当下的研究热点。本书在此从制度建设的角度分析了新时代如何促进"双师型"教师的专业发展。

①高职院校教师师德是高职教育质量的重要保障，也是高职教师职业素养的核心内容。高职院校教师师德不仅体现在教学过程中，还体现在教学管理、科研活动、社会服务等方面。高职院校教师师德要求教师具有爱岗敬业、尊重学生、关注个性、追求卓越、诚信守法等基本品质，同时也要求教师不断更新知识、提

高能力、创新方法、拓宽视野,以适应高职教育的发展需要。高职院校教师师德的建设和提升,对于培养高素质的高职人才,促进高职教育的改革和发展,具有重要的意义和作用。

为深入贯彻习近平新时代中国特色社会主义思想,落实立德树人根本任务,弘扬新时代高校教师道德风尚,进一步加强学校教师职业行为监察监督,规范教师履职履责行为,提升教师思想政治素质和职业道德水平,学校应制订《教师师德失范行为处理办法》。其主要内容包括:新教师入职时强化师德师风教育,使每位新入职教师知准则、守底线,增强使命感、荣誉感;定期开展全校范围的师德师风建设活动,有效提高教师职业道德水平和职业素养;构建学校、教师、学生、家长和社会多方参与的教师职业行为监督体系;党委教师工作部与各党总支、直属党支部建立定期与动态相结合的交流研讨机制,及时准确掌握教师职业行为动态信息;建立教师职业行为网络舆情分类及快速反应机制,确保网络舆情处理全面、及时、有效;建立健全教师违反师德行为的惩处机制,规范教师师德失范处理程序;对严重违背教师职业道德的行为,如监管不力、推诿责任,造成恶劣或严重后果的,将依法对有关人员进行问责;对教师的道德行为实施"一票否决",并将其纳入年度考评、职称评审、评优等工作。

②为构建一支既有扎实的基础知识,又有较强实践应用能力的"双师型"教师队伍,各院校应探讨相关的"双师型"教师管理制度,并从八个方面对"双师型"师资进行规范的认定:参加全国举办的专业技术职称考试或者评审,获得国家认可的与该专业的实际工作有关的中级及以上专业技术职务任职资格证书,如工程师、会计师等;参加全国举办的各种职业或执业资格考试,并获得与本专业有关的中、高级职业资格证或执业资格证书,如网络工程师、计算机软件设计师、多媒体应用设计师、律师、翻译等;获得国家颁发的技师及以上等级的职业资格证;参与企业合作办学,接受企业专门技术培训不少于3个月,取得合作企业颁发的培训师等相关资格证书,这些证书同时是经过学校认定的;在最近5年里,有两年多的实际工作经验(含两年),或者经过学校的同意,可以脱产到企事业单位进行实践学习、挂职锻炼,或者接受过至少2年的专门技术培训,并且能够对学生的专业实践和实习进行全面的指导;在最近5年里,曾主持(或主要参加)过2次校内实践教学设施建设的设计和安装工作,并取得了良好的应用效果;在最

近 5 年内，主持（或主要参加）了一项以上的应用技术研究，且其成果在企业中取得了较好的经济效益；经学校批准，结合教学实践，指导学生到相关企事业单位、实训基地进行实习，并完成企业实践任务，近 5 年内累计时间不少于 2 年的。

③为深入落实专业教师 5 年一周期的全员轮训制度，使得有 3 年以上企业工作经历或近 5 年累计有 6 个月以上企业实践经历的专业教师占比达 80% 以上，学校应完善专业教师企业实践管理办法。教师接受企业组织的技能培训，参加以企业实践为主的国家级、省级培训；以脱产形式到经学校认定的合作企业从事经营管理、专业实践，以承担横向课题形式到企业从事产品研发、技术创新及推广应用，熟悉企业的生产组织方式、相关运作流程以及产业发展动向等，了解企业相关岗位的任务、操作规范、用人标准以及企业文化等，掌握在生产实践中所运用的新知识、新工艺、新材料、新标准等；参与企业经营管理、产品研发等工作，为企业提供各种技术服务；进一步拓宽教师培养途径，提高教师的专业技能和实践教学水平，加强学校"双师型"师资队伍建设，完善政、行、校、企协同育人长效机制。

④为弘扬工匠精神，加快学校高技能人才队伍建设，增强学校创新能力和服务社会能力，学校可以制订技能大师工作室遴选及管理办法。技能大师工作室是建立在一个专业或专业群的基础上，通过传授技术、技术攻关、技术推广、技艺传承等方式，对技术革新成果和绝技绝活进行传承和推广。学校要从校内外挑选在某个产业（领域）技能拔尖、技艺精湛、在社会上有很强的社会影响力，以及在带徒传技等方面有着非常丰富的经验的高技能人才，并把他们培养成一批能够改善企业产品工艺、解决生产技术问题的骨干教师和技术技能大师。指导学生参加技术技能、创新创业等大赛；参与产教融合平台、校内外实训基地建设，指导实训课程和教学资源库开发；积极开展科技创新和技术攻关，解决生产技术难题，挖掘传统工艺，进行传承和创新；总结和推广创新成果、绝技绝活、具有特色的工艺方法或生产操作方法，推动学校、行业企业技能人才队伍建设；积极参与行业性、区域性技术培训，逐渐形成品牌效应。

⑤为加强学校专业群建设，搭建校企合作平台，深化产教融合，开展技术交流及补充高层次师资力量，学校应制订产业教授管理办法。产业教授通常为校企深度合作企业的技术专家、技能大师、行业精英、非物质文化遗产传承人等专业

技能型人才，通过参与专业教研活动，协助二级学院做好专业规划与调研工作，参与制订人才培养方案，参与学校教学科研团队、教学资源库、教材建设，面向师生开设专业文化、科技发展、职业理念、管理技巧等方面的讲座，以导师身份指导青年教师或学生开展生产实践、技能竞赛、社会服务、科技创新等活动，推动所在单位与学校联合开展项目研究和科研攻关，联合申报各级各类科研项目，转化高科技创新成果，推动所在单位为教师或学生提供企业实践、毕业实习等平台，推进与学校共建产教融合平台，实施现代学徒制、创新创业教育等产教融合人才培养项目，更好地促进教育链、人才链与产业链、创新链的有机衔接，推进学校产教融合人才培养改革和"双师型"师资队伍建设。

⑥为实现校企文化融合，优化"双师结构"专业教学团队，不断提升院校专业教师的"双师素质"和兼职教师的教学能力，学校应制订并不断完善师资团队管理办法。依托学校和企业合作项目、共建的实体、产教融合集成平台，由专业教师与企业工程师共组混编团队，团队成员以合作项目或共建实体的效益为纽带，共同承担项目任务或实体业务，同时参与相关专业的教学建设和教学实施，形成紧密型的"双师"结构群体，按同一标准实施企业化管理和考核，通过优化专任教师进入混编团队的轮训机制，提供市场化服务，倒逼专任教师的技术技能"保鲜"，保持与企业工程师的同步提升。通过优化团队中企业工程师参与教育教学的相关机制，保持其参与教学的深度和稳定性，在合作项目、实体业务运营中，实现人员互通、资源共享、利益双赢。混编师资团队模式对学校专业教师实践能力的提升和更新、企业工程师直接参与课程教学、兼职教师的稳定性、专兼职教师的文化融合等方面起到了实质性的促进作用，能有效提升学校"双师"结构专业教学团队建设的整体水平和层次。

⑦为提升学校国际影响力，加快具有国际视野、国际交流能力、国际竞争力的高水平师资队伍建设，学校应制订教师出境研修管理办法，通过选派高层次高技能人才、专业带头人、学术骨干、科技或教学团队负责人及从事新一代信息技术、人工智能、高端装备制造、新能源汽车、节能环保、数字创意等战略性新兴产业的骨干教师赴境外研修，了解和把握本专业领域最新发展和前沿动态，吸收境外高等教育优秀成果与经验，提高跨文化交流能力和外语水平。外派教师以课程学习或项目研究为导向，系统学习选定课程和教学方法，积极参与课程教学相

关环节，提高自身教学水平；利用境外学术资源，为已（拟）承担的教学科研项目做好资料收集等工作；积极引进境外高校先进课程标准和国际通用职业资格证书，学习其先进的教学管理和学生管理经验；返校后结合本人研究方向，制订教科研发展计划，并根据专业群建设需要开设双语课程。

⑧为提升职业素质和业务水平，进一步规范教师培训进修管理工作，以适应习近平新时代中国特色职业教育和中国特色高水平高职学校建设需要，学校应修订教职工培训进修管理办法，通过选派与从事的岗位、专业和研究方向一致，或符合专业群建设、教师梯队建设和工作岗位要求的教师参加博士学位进修、国家级培训和省级培训、境外研修、国内访学、双师双语能力培训、职业（技能）培训、企业实践和各类业务培训，有效提升教师教学科研水平、学历层次和管理能力。

第二章 "双师型"教师培养的内容与方法

目前我国高职院校"双师型"教师队伍建设虽然取得了一定的成就,但是仍然存在很多问题,首要的问题在于对"双师型"教师的内涵缺乏统一和正确的认知,对"双师型"教师的培养内容和方法理解得不够透彻,因此本章主要就"双师型"教师培养的内容与方法进行分析。

第一节 "双师型"教师培养的内容

一、"双师型"教师培养的核心内容

(一)教学能力培养

现代职业教育以技术应用型人才为主要培养目标,因此高职院校的课程设置和教学模式都要围绕这一目标展开。实践教学是学生技术能力培养的重要途径,其中应用原则、问题分析等都离不开专业的理论知识。在教学课程设置和教材的选择上,要做到理论知识适度,技术应用能力要强,知识面要广。在进行教学时,教师要注意把理论与实际工作联系起来,使学生能够更加深入地熟悉理论知识。这一过程可被视为"双师型"教师教学能力的自我培养。

(二)实践能力培养

现代职业教育普遍具有较强的实践性,所以"双师型"教师需要将理论教学与实践教学结合进行,重点锻炼学生独立思考、分析与解决问题的能力。这就对"双师型"教师提出了更高的要求,需要其具备较丰富的实践经验。

但是,在传统的教学模式下,培养出的教师虽有较高的理论素养,但对企业生产管理的实际情况了解不多,对组织学生开展专业实践的经验不足。对于一些

设备和生产线，"双师型"教师只是见过，但没有实际操作过，所以他们的教学过程不能生动地向学生讲解相关专业知识，只能从课本上照搬一些基础的理论知识。在教学中，教师的专业知识陈旧、知识面窄、教学内容没有深度。

在培养职业教育"双师型"教师时，应注重对其实践能力的培养，对其进行定期的实习培训，并对其实施规范化管理，这样可以有效地提升"双师型"教师的实践能力。学校要与企业展开密切合作，实现优势互补和资源的共享。可以有计划地把有着丰富理论教育经验的老师送到企业去实习，让他们的知识结构能够不断地优化更新。也可以从社会和企业中聘请有实际工作经验的专家作为兼职教师，促进学术型和技能型教师的转化。

（三）科研能力培养

"双师型"教师的培养不能仅以普通高校为目标，而应该建立有自己特色的道路。"双师型"教师需要具备一定的科研能力，要想培养出一支高质量的"双师型"教师队伍，需鼓励教师进行科研工作。"双师型"教师通过开展科研活动，可以增强自己的自主创新能力，开阔自己的眼界，不断地更新自己的知识结构，提升自己的综合素质。科研内容体现了该学科的最新发展状况，有利于教师改进教学方法、更新教学内容，以便丰富学生的知识储备，提高教学质量。

二、"双师型"教师培养内容的夯基

（一）着力促进教师专业发展

1. "双师型"教师专业发展的顶层目标

当前，各地相继制订"双师型"教师认定标准，如在职业资格上要达到"双证"要求，在工作能力上要达到"双能"要求，在职业背景上要达到"双重"要求，兼具教科研能力，体现双重职业和技术技能的"双融合"要求等，从总体上看，这与现代职业教育本身的内涵要求以及价值取向是一致的。

"双师型"教师标准的认定表明教师所具备的教育素养与职业技能并非是相加那么简单，而是两者的双向融合；通过一种简单易懂的方式将复杂的技术技能和行业素养教授给学生，同时结合行业和工作流程的需要，将理论知识与教学资源进行整合，进行课程设计，以此激发学生的学习兴趣，让学生能够自主学习。

但是，从"双师型"教师的专业化发展来看，"双师型"教师不仅要具备上述标准素质，而且要不断地学习、训练，才能达到更高的专业水平，这也是专业化的魅力所在，也是现代职业教育的魅力所在。根据建立现代职业教育制度的要求，现在职业教育的办学宗旨与基本任务有两个方面：第一，培养符合工业企业实际用人需求的技能型人才，通过技术技能为行业生产的发展提供服务与支撑；第二，借助教育手段实现自然人与职业的结合，培养出符合大学生职业发展要求的现代化专业人才。而"双师型"教师是实现这两个方面的执行者。要制订"双师型"教师专业发展的顶层目标，就必须清楚地认识到现代职业教育办学使命以及基本任务。这个顶层目标包括以下5个方面。

①具备基本素质。有"双高"职称，指的是教师要有教师系列高级专业技术职称，也要有专业对应岗位的高级技师或高级工程师职称。

②具备教学能力。教师要有高尚的师德修养以及较强的教育教学能力，能采用多种教学方法教授学生，锻炼学生的自主学习能力，增强学生的自信心，将自己的教学水平与本区域内名师或特级教师水平靠拢。

③具备一定的专业技术。必须具备本地区的行业前沿技术能力，能够领导团队进行企业的生产技术革新或者是运营管理的变革，能够合理解决企业生产运营过程中遇到的技术问题。

④具备科研能力。能参与省市级以上的科研课题研究，能够进行论文的撰写、教材的编写以及课题的研究与开发等，并在区域内有一定的影响力。

⑤进行校企合作。"双师型"教师的专业发展，在有一定成绩的情况下，应到企业任职或进行科技创新活动，采用学徒制的形式，以师父的身份教授年轻教师以及实习生相关经验；以"双师型"师资队伍的专业化建设为中心，推动现代学徒制始于学校，在企业中开花结果，最后返回校园落地生根。

上述顶层目标为"双师型"教师的专业发展明确了定位。制订这些顶层目标，不是要求每个"双师型"的老师都能达到，而应该使全体教师树立终身学习的观念，在不断的学习中成长发展。"双师型"教师在顶层目标指导下，在专业发展的道路上不断地给学校、社会以及教师自身创造出新的奇迹。

2. "双师型"教师专业发展的途径

现代职业教育"双师型"教师专业发展的途径很多，除了在自主学习中成长、在教学实践中成长、在科研课题中成长、在企业实践中成长，国际上可资借鉴的还有如下几种培养范式。

（1）知识范式

对于教师培养，人们首先意识到的就是教师需要有一定的知识，所以在教师教育中，特别强调了文化知识的灌输，把教师的专业化看作是"知识化"。

（2）能力范式

20世纪60年代，人们越来越意识到教师不但要具备广博的知识，还要具备综合的能力，要能够表达知识、传递知识，还要能够与学生进行交流，共同应对课堂上的各种问题，从而使教师培养实现了从知识范式向能力范式的转变。

（3）情感范式

也是在20世纪60年代，学者进行了广泛的调查，认为教师只有知识、有能力还不够，当教师的知识水平达到一定程度时，情感性因素会对其教学水平和教学品质产生影响，因此学者着重强调了教师对学生的关爱，也就是教师是否能够关注学生的情感发展，以及教师本身是否具有情感人格等条件。

（4）"建构论"范式

皮亚杰（Piaget）关于人类认知产生机理的研究，在建构主义哲学思潮的指导下，提出了知识是非恒定的、可拓展性的观点，并认为知识是由学习者与教师相互作用而形成的。这就要求教师要成为一个成长型的人，要不断地构建自身的知识体系，使其成为一种完全属于自己的东西，而不仅仅是外在于自己的东西。

（5）"批判论"范式

需要强调的是，教师除了关注书本上的基础知识，他们还应该对书本以外的社会、政治、经济和文化背景的合理性给予足够的关注。教师必须具备批判精神，他们应该积极地参与社会生活，并始终保持自己的独立观点。因此，我们主张加强对教师独立思维能力的培训。

（6）"反思论"范式

教师在成长过程中应当培养"反思"的觉悟，持续地审视自己的教育和教学观念及行为，持续地进行自我调节和构建，以确保自己的专业持续发展。这一教育培养范式正在逐步崭露头角，成为全球教师教育领域的主流。

（二）构建自我监控体系

教学质量是高职院校长盛不衰的保证，也是现代职业教育"双师型"教师培养自我提升的需要。现代职业教育教学质量表现在三点：第一，满足学生自身需求，具体来说就是学校的专业设置、教师队伍的水平等要与学生的求学、就业以及可持续发展相匹配；第二，满足经济社会需求，具体来说就是专业的课程设置、教学过程及其内容要与用人单位以及学校可持续发展相匹配；第三，满足政府需求，具体来说就是学校的专业设置与开发要与政府产业结构、就业与再就业需求相匹配。因此，教学质量与学校的专业设置、课程开发、资源管理等多方面都有着密切联系，具有多元性特征。对现代职业教育"双师型"教师培养而言，提高教育质量关键之一是构建教学过程的自我监控体系。

"双师型"教师的教学过程自我监控体系是一种对教学质量进行自我监控和控制的体系，其主要内容有5个方面：教学目标的把握、课程教学内容的分解、单元教学目标的设定、教学流程的设计与实施、教学效果的评价与改进。"双师型"教师要体现"以人为本，因材施教"的教学思想，以培养具有个性化特点的人才为目标。

1. 教学目标的把握

对教学目标的把握主要是了解我国对现代职业教育培养目标的具体要求、社会对技能型人才的具体要求以及如何提升高职院校学生的文化素养。"双师型"教师必须要熟悉专业教学计划，了解相关课程的教学大纲以及主讲课程的专业知识及职业技能标准，明确其主讲课程的教学内容及教学目标。

2. 课程教学内容的分解

课程教学内容的分解应从四个角度进行：一是主讲的教学计划学时与整体教学目标的要求；二是平行课程和后续课程对主讲课程所做的明确要求；三是职业技能对主讲课程所作出的相关要求；四是职业院校学生自身的学习能力与学习特征。

3. 单元教学目标的设定

"目标教学"就是以教学目标为导向，通过对教学结果的评价，对教学活动进行监控和调控的一种教学方式。根据布鲁姆（Bloom）的教育学说，教师在教学时，应该按照每次的教学内容给学生制订一个简单而明确的单元学习目标，并在这个目标的引导下进行教学，最后用课堂练习与测试的方式来检验学生的学习目标完成度。

4. 教学流程的设计与实施

高等职业教育的实质在于"育人",而非"选人"和"淘汰"。进入高职院校的学生,他们的文化基础比较薄弱,个体之间存在着很大的差异,所以为了使每个学生都能得到最优的教育,需要建立一支"双师型"教师队伍,在传授知识和技能的同时,也要对学生进行正确的人生观和价值观的指导。因此,在执行教学程序的过程中,应根据学生的特性,着重做好以下几个方面的工作:一是制订明确的课堂学习目标;二是采用直观的教学方法和手段;三是及时对课堂教学目标进行反馈;四是辩证地看待"教"与"学"的关系;五是引导学生树立正确的人生观和价值观。

5. 教学效果的评价与改进

对于"双师型"教师来说,课堂的教学效果是通过对学生的学习情况的评价来体现的。其目的有两个:第一,引导学生养成良好的学习习惯,建立起正确的学习目标与态度,强化其学习责任心,提升学习技能与成绩,使学生得到全面发展。第二,有助于教师在课堂上对学生的学习状况进行及时把握,并对其进行改进和优化;针对每个学生的特点进行针对性的辅导,使其达到更好的水平。

现代职业教育的发展取决于学校的教学质量,现代职业教育"双师型"教师教学过程自我监控体系的构建是提升教学质量的有效举措,这意味着"双师型"教师不仅要承担教学的责任,还要负责自身的培训与发展。为满足政府、企业和学生的需要,达到"教师乐教、学生乐学、社会乐用"的目标,在现代职业教育中,"双师型"教师的培养必须打好基础,时刻注意社会发展、科技进步以及学生需求,对新知识、新技术、新方法进行持续的学习,对新情况和新问题进行反思,让自己的教学更接近于企业实际、学生特点以及国家需求。

三、"双师型"教师培养内容的深化

(一)培养课程的开发与整合

1. 课程开发

(1)"双师型"教师培养课程开发实质

"双师型"教师培养课程开发的本质,就是培训人员搜集、加工"双师型"教师的需求和课程资源等各要素,并根据特定目标需要进行整合的过程。

"双师型"教师的培养需求指的是从事职业教育的教师要求具备的与已经具备的能力之差。如今,"双师型"教师培养需求有以下几点。

①"双师型"教师培养是社会发展的需求。科技进步与生产中高科技含量的增加,新职业技术岗位的出现及其智能含量的增加等,都需要有技能的人才来适应这个职位,因此对现代职业教育的要求也越来越高。对"双师型"教师而言,上岗前培训与上岗后培训都是一项硬性要求。

②"双师型"教师培养是专业发展的需求。"双师型"教师的发展内涵具有多层面、多领域的特点,"双师型"教师的培养不能如同工业品生产那般一蹴而就,而是需要一个漫长的学习与提升过程。随着时代的进步,新的技术、新的培养方式对"双师型"教师的专业水平提出了更高的要求。

③"双师型"教师培养是教师个性发展的需求。在"双师型"教师培养过程中,要对"双师型"教师的个人需求结构进行细致的分析,要以"双师型"教师的个性发展为最终目的,同时要考虑到"双师型"教师的个性发展的层次性和多元性,使其具有显著的个性特征。"双师型"教师的个性发展是一个渐进的过程,因此在教学过程中,要逐步从浅到深、逐步递进、滚动发展。在教学内容、教学方法和教学手段上,也应注重"双师型"教师的个性发展,变一元为多元。

"培养资源"是"双师型"教师用以支撑与辅助教学活动所需的各种相关因素的总和,其相关因素包括人、财、空间以及信息等。一是在前沿发展进程中,对职业教育具有重要影响的知识;二是在职业教育课程改革过程中,获取的一些值得推广和运用的研究成果;三是"双师型"教师个体以及培养者的教学研究结果;特别要强调的是,在培养课程资源的过程中,应特别注意培养者本身的课程资源的开发与使用。"双师型"教师大多具有较强的实际操作能力,有着大量的课程资源。

(2)"双师型"教师培养课程开发原则

"双师型"教师培养课程开发应遵循的基本原则:一是要反映出现代职业教育的教学改革思想;二是推动"双师型"教师培养的专业发展;三是要注重实践教学;四是适应现代职业教育发展水平。

(3)"双师型"教师培养课程开发流程

现代职业教育"双师型"教师培养课程开发流程包括:通过分层分析法,确认培养需求、确立选项、专题、方式；综合各方面的因素，设定课程目标；编制培养方案，阐明培养的目的，说明培养的内容、顺序、教师类型及培养对象、培养形式、时间安排及实施措施。

2. 课程整合

现代职业教育"双师型"教师培养实践中，除了进行课程开发，还可从以下几个方面实施课程整合：一是课程结构整合，打造"职业课程+教育课程+专业课程"的课程结构，以此彰显现代职业教育的优势。二是课程实践整合，现代职业教育"双师型"教师培养的课程实施注重强化实践环节，包括技能实践、工程实践和教育实践。三是课程指导整合，建立校内导师与校外导师相结合的双导师指导机制，其中校外导师是在专门的实习基地中选择一名专业人员作为导师进行指导。四是课程文化整合，"双师型"教师培养也算是一种文化形态与象征，其教师发展离不开"双师"文化的熏陶。但是，"双师"文化培养是一项复杂化且系统化的工程，它需要政府、学校、教师和"双师型"教师群体的共同参与协作。

（二）网络学习空间的构建与应用

近年来，随着教育信息化的进程加快，现代职业教育"双师型"教师培养纷纷向网络空间拓展，收到了很好的效果，积累了丰富的经验。本书在此以湖南职教界在教育信息化方面的探索为例进行了分析。

1. 实地调研

湖南部分教育信息化研究者成立了课题组，对湖南省内60余所职业院校网络学习空间建设与应用情况进行专题调研，收集、查阅、整理了近年来网络学习空间建设与应用的相关材料，并对长沙民政职业技术学院、湖南化工职业技术学院、湖南工艺美术职业学院等院校重点进行了实地调查和走访座谈，取得了大量一手资料。根据其调研结果可知，职业教育"双师型"教师培养急需信息化技术手段的"加盟"，而信息化网络技术也正寻觅合适的用武之地，"网络学习空间建设"恰是两者之间的天然结合部。采用网络学习空间为现代职业教育"双师型"教师培养服务大有可为、势在必行。

2. 搭建平台

该课题组按照网络学习空间建设总体设计框架，结合本土教育信息化资源，几经斟酌，确定了网络学习空间的建设方案，决定以省域职业教育网络交互式学习服务平台建设为依托，以网络空间教学为核心，探索"校校有平台，人人有空间"的信息化建设新模式，推动湖南现代职业教育"双师型"教师培养，快速搭建平台的工作在全省职业院校全面铺开。

教学的过程中，以"职教新干线"为基本架构并作为优质资源遴选汇聚、推送应用的重要平台。全省共建设机构平台与教学类平台数百个，师生个人网络学习空间数以万计，通过个人空间已发布海量视频资源和文本资源，覆盖中高职100余个专业、4 000余门课程的教学资源，视频浏览数、文章点击率与师生交流互动次数更堪称"海量"。一批专业教学仿真实训软件、技能大师技艺教学视频、数字博物馆、项目案例库逐步推出；发动一线教师建设了一批空间课堂教学资源，一线教师参与资源建设的比例达到60%。这些举措强化了网络学习空间平台及资源建设，较好地促进了现代信息技术与现代职业教育"双师型"教师培养的深度融合。

3.应用经验

在推进网络学习空间建设与应用的过程中，教育信息化展现了巨大的张力，该课题组取得了丰富的经验。

（1）创新了现代职业教育机制

该课题组通过网络学习空间建设与应用的课题研究，探索构建了"政府引导、企业参与，学校应用、服务驱动"的现代职业教育新机制。目前，网络学习空间在湖南省职业院校中得到了广泛应用。

（2）促进了"双师型"教师培养

湖南省自启动网络学习空间建设及应用以来，各高职院校创新教学模式、改革教学方式、改革评价方法、改革应用管理，促进了"双师型"教师培养。

①创新教学模式。一方面，湖南各高职院校以网络学习空间为依托，探索预约式教学、群组教学、自主探究课堂，促进了教学全过程、全时空交流互动。另一方面，湖南高职院校利用信息化手段，优化了人才培养方案，实施了教学全过程评价，形成了行业企业、社区居民、学生家长和师生全过程参与人才培养过程的新机制，并根据社会需求动态调整，大大提高了"双师型"教师的执教能力。

②改革教学方法。湖南各高职院校探索表格教学、微卡互动教学等课堂教学新方式，师生交流互动成为常态；探索"云眼"教学，实现实训教学从"一对多"

到"一对一"的转变；探索同步课堂，实现职业院校师生、企业专家同上一堂课；探索微信课堂和3G实景课堂，有效解决职业院校学生顶岗实习管理松散、教学指导难以到位等难题，优化了"双师型"教师的培养环境，提升了"双师型"教师的信息技术素质。

③改革评价方法。湖南各高职院校探索空间点名地图、空间学习日志，全程跟踪学生学习动态；利用空间平台，应用大数据客观分析教师的教学态度、教学效果；利用空间全程公开和管理技能抽查、毕业设计抽查等质量监测过程，使评价过程和结果公开、透明；利用空间充分吸纳行业、企业专家参与评价；人才培养质量、各类标准在网上公开，发动社会评价教育。这些探索有效推动了职业教育过程评价和结果评价相结合，引导职业教育封闭性评价向开放性评价转变，提高了"双师型"教师培养的效果。

④改革应用管理。近年来，湖南省全省职业教育行政部门和各职业院校利用网络学习空间，改变传统的监管方式，创新管理方式，致力于实现职业教育管理现代化。一是利用空间开展评估评审。最近这几年，国家和省级职业教育重点项目都已经完成了空间申报、遴选以及管理，同时为了保障评审结果的公平公正，遴选评审以及验收工作都按照专家网评的形式展开。此外，还将网络评审以及专家现场考察这两种方式结合在一起，共同进行人才培养工作的评估，这种新型的评估方式不但减轻了学校的压力，也节约了时间，加快了评审的速度。二是利用空间改革管理工作。全省近年启动的现代职业教育"双师型"教师强化培养和新技术培养工作，全部通过空间管理、跟踪服务，保证了培养质量，提高了培养效果。三是利用空间创新学校常规管理模式。通过院长话题、空间私信、学生网上一站通等方式，探索了校务公开和应急处置新机制；开设心理咨询、快乐德育、班级活动等主题空间，探索了德育和心理健康教育新方式，有效推动了学校日常管理横向到边、纵向到底、"双师型"教师培养到位。

（3）实现了可持续发展

网络学习空间的应用转变了湖南省职业院校的课堂以及校园形态，为有形课堂转变成无形课堂，以往的被动式学习转变为主动式学习、自主学习，以往传统的校园转变成智慧校园提供了条件。调研发现，网络学习空间在教育、教学与管理的应用过程中，学生是最大的受益者，学生变得更加自信、更加阳光、更加好学，变得有爱心、技能强、会学习，得到了行业认可、企业欢迎、家长认同。当然，"双师型"教师培养也取得了同步发展。更重要的是，通过网络空间教学的探索，在取得积极成效的同时，也发现优质网络课程建设与应用方面仍存在不少突出的问题，例如：网络空间优质资源建设不足、缺乏空间优质教育资源建设的遴选和推送机制、网络空间优质资源共享困难等。为解决这些难题，课题组知难而进，向理论深度推进，开发出了学术含量更高、推广价值更大、获奖层次更高的"职业教育名师空间课堂"课题，实现了并不多见的现代职业教育"双师型"教师培养的可持续发展。

第二节 "双师型"教师培养的方法

一、强化培养能力

（一）精心设计培养课程

目前，全国已有一百余家全国重点建设的职教师资培养培训基地，国家主要依托这些基地实施"双师型"教师的国家培养计划。国家培养计划应精心设计现代职业教育"双师型"教师培养内容，开设系统培养课程，有效提高现代职业教育"双师型"教师的综合素质，促进"双师型"教师队伍建设。

1. 理论知识系统化

"双师型"教师要求有一定的教学创新能力以及教学研究能力，但是教学的创新能力以及教学的研究能力培养的前提是要具备系统化的理论知识。所以，在系统培养课程中，系统化的理论知识尤为重要，应当引起人们的注意。在职业教育人才培养中，系统化的理论知识能够帮助"双师型"教师以研究者的思想去发现问题，并迅速找到问题的解决方法，锻炼深入研究本专业领域问题的能力。

传授系统化的理论知识是系统培养课程的优势，为保证专业理论的系统化培训，应认真制订"双师型"教师培养方案，抓紧课程和教材开发工作。统一开发出来的培养课程和教材需要不断完善与充实，以保证"双师型"教师培养的专业理论知识培训。

2. 技能知识实践化

"双师型"教师培养不仅要侧重于系统化的理论知识培训，同时还要侧重将理论知识应用于实践以及提高教师解决问题的能力。要做到"双师型"教师理论与技能的同步提升，这也是"双师型"教师区别于普通教育教师的根本所在。

3. 教育理念国际化

参加现代职业教育"双师型"教师培养，能使"双师型"教师视野开阔、教育思想新颖。系统培养课程让"双师型"教师能够采用分层法来教授学生，采用欣赏法来增强学生自信心，同时会用以学生为中心的先进思想尊重学生的学习地位。现代职业教育"双师型"教师培养可以通过专题讲座等形式来实现，聘请国内外职教研究专家介绍国内外职业教育办学模式、教学模式和教学方法，引导"双师型"教师形成国际化的职业教育理念。

4. 教学手段现代化

随着现代化教学进程的不断推进，教学手段现代化成为必然的发展趋势。21世纪之后，我国开始实施发展职业教育的方针政策，在各个政策的推动下，各高职院校的硬件建设取得了不错的成就与进步，普及了现代化的多媒体教学设备，开发了多种多样的教学课件制作软件。因此，目前"双师型"教师所要做的就是正确选择设备以及软件，调动学生的学习积极性，提高教学的效果。

特定学时的备课、讲课以及教学演练环节应包含在职业教育"双师型"教师的培养方案中。所有参与培训的"双师型"教师都应通过课堂教学实践或一些交流会向大家分享自己在教学时的专长与有价值的经验，教师相互学习、相互借鉴，使得"双师型"教师的教学手段现代化的能力得以提高。

（二）充分发挥培养优势

职业技术师范教育，顾名思义，具备了师范教育以及职业教育两种特征，教育对象是我国高等教育中较为特殊的一类群体，且一直为我国的职业教育带来大量的师资，促进了职业技术示范教育的不断发展。现在，他们也是现代职业教育"双师型"教师培养的主要力量。

职业技术师范教育是高等教育系统的一部分，它与其他高等教育的特殊属性有所不同的是，其本质特征便是学术性、职业性以及师范性。其中，"学术性"是指对学生（这里的"学生"是毕业后从事职业教育岗位的"教师"）展开系的学科理论培养，使其能够学到一门专业知识；"职业性"是指职业技术师范生为进行职业教育工作而须掌握相关的职业或技术操作规范与技能；"师范性"是指同时学习教育心理学以及专业教学课程来掌握教育与教学工作的相关知识。这三者相互联系、相互渗透，形成了一个职业技术师范教育体系，取得了大量的研究成果，积攒了许多有价值的经验，形成了现代职业教育"双师型"教师培养的特殊优势。

这种特殊优势是现代职业教育"双师型"教师培养特别需要的。这些优势有四点：一是"双师型"教师的专业精神。它包括爱岗敬业、热爱学生，对自己的职业有信心，重视"动手动脑全面发展"的教学思想，对职业教育有着深刻的理解。如果没有专业精神的支持，"双师型"教师队伍的专业素质将会普遍低下。二是"双师型"教师的专业知识。它包含了学科知识、教育学相关知识、管理类相关知识等。这些知识是"双师型"教师从事教学工作的基础和前提，也是他们开展教学研究与实践活动必须具备的条件之一。三是"双师型"教师的专业能力。职业教育教师的职业素质并不是指其在某个技能或科目上的职业能力，而是指其在传授技能或科目时，所具有的教育教学技能。四是"双师型"教师的实践能力。主要是指在教学实践过程中的技能引导能力，与产业发展紧密联系的技能追踪能力和实践开发能力。如此优秀的现代职业教育"双师型"教师培养资源，岂可不重而用之？

当前，想要满足职业学校的教师培养需要，仅仅依赖于现有的职业教育教师培养院校是远远不够的。专业设置的限制导致职业技术师范教育专业不能覆盖现代职业教育专业。所以，改革以往的职业教育师资培养体系势在必行，应从师范教育转向职业教育"双师型"教师培养。

考虑到职业技术师范教育对于培养职教师资的重要作用，在面对发展职业教育以及提升职业教育办学质量的局面时，我们要积极推动职业技术师范教育的发展。而职业技术师范院校要保持多年来的敢于创新、大胆探索的办学作风，不断创新"双师型"教师培养模式，培养更多、更高层次的综合型"双师型"教师，更好地起到培养职教师资的示范作用。与此同时，要想国家之想，力争为中西部和边疆民族地区培养出一批能下得去、能留得住、能教得好的"双师型"教师队伍，发挥其独特的、无可替代的作用，服务于现代职业教育的发展。

因此，特别需要建立支撑现代职业教育"双师型"教师教育的国家制度和培养体系，突出职业技术师范院校对于现代职业教育"双师型"教师培养的特殊优势。

（三）建立健全激励机制

健全激励机制，是构建和完善"双师型"教师培养模式的一项重要举措。心理学的理论告诉我们每个人都需要受到激励来鼓舞自己，给予自己动力继续行动。当一个人受到符合自己需要的外界刺激时，他就会产生一种强烈的自动力，这就是他积极性的来源。而激励的最大功能就是充分发挥"双师型"师资的潜能。要想提高"双师型"教师队伍的整体素质，就必须建立一套有效的激励机制，把"双师型"教师队伍的整体素质提升到满足自己的内在需求的水平，这样才能取得更好的教学效果。"双师型"教师具有较强的理论与实际操作能力，其工作负担比普通教师要重得多。为此，要加强对"双师型"教师培训的激励力度，在职称晋升、出国进修、薪酬补贴等方面给予"双师型"教师比较优越的待遇，确保"双师型"教师队伍的稳定性，吸引更多的高素质人才进入现代职业教育领域，进一步推动"双师型"教师队伍的发展。特别是在职称晋升方面，要充分发挥职称评审和业绩考评的导向功能，针对"双师型"教师在现代高职院校的特点，制订独立的职称评审标准以及评估方法，以技能考评为评价"双师型"教师的重要依据，并在此基础上进行相应的调整，使之更好地反映现代高职院校"双师型"教师的培养需求。高校应建立相应的奖励制度，促进更多的教师发展成为"双师型"教师。要尽量把企业的利益和"双师型"教师的个体利益联系起来，使他们深切感受到企业的盛衰对自己前途和利益的影响，从而充分发挥"双师型"师资的潜能。通过多种渠道培养和吸引"双师型"人员参与教育教学工作。为激励、引导"双师型"教师主动学习、快速提升"双师"能力，可采取如下激励措施：教师可在企业内顶岗实习，以提高"双师"素质，企业可给予教师相应的工作量；对参加"双师"活动的教师进行培训，学费全部由学校承担；教师取得具有"双师"资质的技能技术证书等，应给予相应的奖励；"双师型"教师授课，在同等条件下，薪酬待遇应提升一个档次；各院系建立了"双师型"教师培养基地，学院应给予相应的奖励，并拨出一定的资金用于实习基地的运行。

（四）制订双层培养计划

学校与教师双层各自拟订培养计划，是促进现代职业教育"双师型"教师培养的重要策略。

1. 教师拟订个人培养提升计划

教师要制订具体的、切实可行的"双师"品质培养提升计划，具体说明每个学期的学习与练习以及期望的目标。而培养计划要经过各专业部门的研究和院系研究，并由院系领导审定后，再实施。

2. 学校拟订培养计划

学校拟订的现代职业教育"双师型"教师培养计划，必须包括以下主要内容。

①总体目标：为适应地区产业发展与产业升级，满足学校专业调整和优化的需要，坚持以人为本、自培为主的思想，多途径、多形式地提高专业教师专业技能，以满足在任务引领型项目教学模式下的新一轮课程教学的需要，全方位地促进每一位教师的专业化成长，努力建设一支专兼结合、素质优良、结构合理、特色鲜明、高质量的"双师型"教师队伍。

②具体目标：学历达标任务、全员培训任务、骨干培训任务、拓宽渠道任务、提高技能任务等。

③具体措施：加强师德建设、开展校本培训、建立专业教师实践制度、加大骨干教师培养力度等。

二、优化培养环境

现代职业教育"双师型"教师培养直接决定着现代职业教育发展的规模、速度和人才培养的质量，加强"双师型"教师培养是办好现代职业教育的一项战略性措施。拓展培养空间是优化现代职业教育"双师型"教师培养环境的重要举措。

拓展现代职业教育"双师型"教师的培养空间主要从以下两个方面着手。

（一）拓展"双师型"教师专业发展空间

"双师型"教师的成长与发展是其职业理想、职业道德、职业情感、职业能力不断走向成熟的过程，是作为社会成员的教师从接受教育的学生，到初任教师，到有经验的、成熟的"双师型"教师，直至有成就的教育家的持续过程。为了提高教师地位和教学质量，教师成长与发展的主题已日趋集中在专业化方面。

"双师型"教师的专业化发展大致可分为3个主要阶段。

1. 开启阶段

教师任教伊始，适应期的长短（一般在1—3年）或成效的大小主要取决于学校环境与个人努力程度。学校环境主要与学校的校风、教风和学风有关。"双师型"教师的个人努力一般可从下述几个方面入手：学习并熟悉本专业教学大纲（或课程标准）和教科书；熟悉学校教育教学环境，寻找可利用的相关课程资源；向经验丰富的教师学习；练习备课教学、评价等教学基本功；熟悉实践（或试验）所需示范操作的技能；利用现代传媒作为教学手段等。

2. 成熟阶段

这一阶段往往持续时间较长。在这个阶段，"双师型"教师积累了一定的教育教学实践经验，特别关注学校制订的教育教学任务目标的达成情况，并开始取得初步的教育教学成果，期望专业职称的晋升，争取更多的外部评价。这一阶段"双师型"教师努力的主要方向是：对教学大纲（或课程标准）和教科书进一步领会；独立备课与设计教学，开始对教学有批判性的反思；总结教学经验与校内外同行进行交流、研讨；熟练使用现代教育技术手段辅助教学；开始认识到邻近学科对于理解本专业的内容也是重要的，并寻求它们与本专业的结合点等。这一阶段是"双师型"教师专业化成长的关键时期，是他们专业信心得以树立的时期，也是他们形成教学风格和特色的奠基时期。

3. 发展阶段

这一阶段是那些具有不懈追求精神的"双师型"教师专业化成长的最高境界。他们已经走过关注目标和追求外部认可的阶段，进入形成风格、追求特色、自我超越或自我实现的新阶段。集中表现为对教学大纲（或课程标准）和教科书有独到的研究和见解，并能结合实际，灵活使用教科书；教学设计从学生的实际出发，不拘一格；关注学生的全面发展，并能重视学生的差异性，引导学生确定职业生涯规划，充分挖掘每个学生的潜能；能对教育教学实践进行深刻的反思和自我调节，并将丰富的教学经验提升到教学实践理论层面；在教育教学某一方面形成具有品牌效应的个人风格或特色；总结有特色的教学经验或撰写较高水平的论文，并对推广自己的教育教学成果具有强烈的自信心等。当然，上述3个阶段只是理论上的人为划分。其实，"双师型"教师专业化成长是一个连续的过程，并无绝对的界限，而且"双师型"教师职业生涯也并非总是积极的成长过程，其间也会有停顿、低潮，甚至会出现职业倦怠、不思进取、得过且过、抗拒变革等现象。这表明"双师型"教师的成长与发展的过程是复杂的、动态的，是"双师型"教师个体回应各种影响因素的互动过程。现代职业教育"双师型"教师培养应依据"双师型"教师成长的规律及特点，努力拓展其培养空间，给予适时而有力的帮助、教育，促进其自我教育，以发掘其潜能，促进"双师型"教师的成长与发展。

（二）拓展"双师型"教师培养过程空间

现代职业教育"双师型"教师培养必须努力拓展培养的过程空间，主要在其职前、入职、履职3个阶段加以全程拓展。

1. 职前培养阶段：严格选拔

国内外大量研究表明，"双师型"教师的"先天素质"对他们日后的卓越表现起着一定的先决作用，许多"双师型"教师的一些个性品质和特殊能力在进大学之前就已初步具备或基本形成。因此，必须严把职业教育师范生的录取关，选择那些有志于职业教育且具备一定教师职业素质潜能的学生。

2. 入职培养阶段：校本培训

新教师入职初期在角色适应上会遇到一系列的问题，应由具有丰富教学经验的老教师一对一地加以指导，可以使新教师更好地解决教师角色适应过程中所遇到的问题。这叫"老带新"或"师徒结对带教"，是一种新教师进行校本培训的特殊模式，很早就流行于各国，在其他许多行业的教育或培训中也广泛应用，有着较好的效果。

当然，要使这种传统模式在信息化时代的今天更好地发挥效用，就必须进一步完善它。如采取对带教者素质进行研讨、建立带教者支援系统、打造新教师支援的网络平台等行动方案来提高"老带新"中带教者的素质。有研究者通过研究，提出了带教者应满足的六条素质要求：能够帮助新教师找到工作中的成功因素和令人满意之处；能够接受各种类型的新教师，包括业务基础差的、过于自信的、不老练的、戒备心理强烈的等；善于为新教师提供教学方面的支持，通过听课及课后讨论，与新教师分享教育观念；善于处理各类人际关系，能用新教师可接受的方式来调节自己的带教指导行为；能够做不断学习、不断提高自我的表率；善于向新教师传递希望和乐观主义精神。另外，带教者支援系统常常挂靠在一些实力雄厚且覆盖全国的专业协会下，它们通过网络等途径为带教者及带教者培训提供大量的帮助和免费咨询。而专门开设的新教师支援网络平台则全天提供免费或非免费的服务，具体的项目丰富多样，诸如学科方面的咨询、一般教育教学技能的指导、疑难问题解答、老教师成功经验分享、新教师聊天室等。

3. 履职培养阶段：继续教育

当今，终身教育理念已深入人心，它意味着教师的职前教育只能为"双师型"教师培养提供"基础教育"，而不可能是终结性教育。要成为成熟的"双师型"教师或优秀的"双师型"教师，还必须在履职后的继续教育过程中不断培养自身的终身学习能力、自我发展能力和创新能力。

在培养内容上，强调理论与实践的适配。"双师型"教师在习惯上常被分为文化课教师、专业理论课教师和实习教师。"双师型"教师培养应当根据每个人的具体情况，缺什么就补什么，这样可以为"双师型"教师成长创造条件。

在培养形式上，倡导参与，鼓励反思。反思是"双师型"教师以自己的实践过程为思考对象，对自己的行动、决策以及由此产生的结果进行审视和分析，是立足于自我之外的批判地考察自己的行动及情境的能力。从某种意义上说，"双师型"教师的反思能力决定着他们的教育教学实践能力和在工作中开展研究的能力。有关研究证明，成功的和有效率的"双师型"教师倾向于主动地和创造性地反思他们事业中的重要事情，包括教育目的、课堂环境，以及自己的职业能力。因此，"反思"被广泛地看作是"双师型"教师职业发展的决定性因素。教师的成长＝经验＋反思。没有反思的经验是狭隘的经验，至多只能形成肤浅的知识。"双师型"教师如果仅仅满足于获得经验而不对经验进行深入的思考，其发展将大受限制。传统的教师培养大多采用的是以作为培养者的教师为中心的主讲大课形式，而作为培养对象的"双师型"教师往往处于被动地位。这种讲座式培养往往是基于这样的假设，即认为培养对象是需要在上面书写的"白板"，或需要灌输新知识的"空桶"，目的是传递知识，即要求听众接受讲演者的"专家类"的知识。由于这种培养一般仅止于把知识灌输到听众的头脑里（罗杰斯所说的"颈部以上的教育"），缺少学习者表现在行动上的积极参与，因此实际效果并不理想；

而参与式培养力图使所有在场的人都投入学习活动中，都有表达和交流的机会，在对话和讨论中产生新的思想和认识，丰富个人体验，参与集体决策，鼓励批判性反思，进而提高自己改变现状的能力和信心。建构主义学习理论认为：人的学习过程不是纯粹地被动接受过程，而是一个在与环境的相互作用下积极主动的自我建构过程。因此，重视"双师型"教师丰富实践经验的参与式培养，有助于"双师型"教师积极主动地自我建构。

当然，上述"双师型"教师的培养路径在时空形态上更多地考虑了院校方面，其实企业方面对此也应有相当大的作为。实践证明，在职业教育比较发达的国家，"双师型"教师培养模式的创新主要体现在加强校企合作上，对企业参与"双师型"教师培养多从法律上有明确的规定。这样做易于保证实践教学的真实性和有效性，有助于"双师型"教师掌握一线先进的生产技术，掌握最新的工艺流程，运用所学的知识进行技术创新与产品开发，能够指导一线工作人员的操作，因此它已成为当今"双师型"教师培养必不可少的一环。

三、跨界培养与一体化培养

（一）跨界的培养路径

1. 跨界的意义

随着现代职业教育的快速发展，其办学过程逐渐跨越学校的围墙，延伸到社会、企业、事业的领域。无论是校企合作，还是工学结合，都从学校"跨界"到校门以外，跨界可以说是现代职业教育区别于普通教育的特征之一。现代职业教育"双师型"教师的跨界培养，是"双师型"教师自身发展与时代变革彼此互动的一个过程，它既回应了教师个体发展的内心诉求，也迎合了现代职业教育蓬勃发展的现实需要。在教师专业化已经成为现代教师发展典型范式的背景下，现代职业教育"双师型"教师跨界培养由于职业教育本身的特殊性而表现出了独特的内涵。以现代职业教育的跨界特征为基点，"双师型"教师必须跨越"职界"与"校界"，即既能从事教学工作，又能承担社会服务，并具备相应的实践技能，做到所跨之"界"兼而顾之。

现代职业教育"双师型"教师的跨界培养，是"双师型"教师个体不断成长、持续完善和全面进步的要素,更是适应现代职业教育自身发展需要与社会经济对人才培养需要的不二选择。随着我国大力推动产业结构的优化升级,高新技术产业和新型服务业都对现代职教教师的知识结构、知识体系和知识层次提出了新的要求。要发展现代职业教育,就必须促进职业教育教师的跨界发展。为适应社会经济转型与产业升级对技能型人才的需求,需要增强职业院校办学的吸引力和核心竞争力,现代职业院校的办学模式必须进行相应的转型,人才培养规格必须进行对等的升级,"双师型"教师的跨界培养便是其中的重要一环。毋庸置疑,现代职业教育"双师型"教师跨界培养,是高职院校教师队伍建设的特定要求,是高职院校教学改革的必然选择,更是现代职业教育"双师型"教师培养的特色所在、本质所系。现代职业教育"双师型"教师的跨界是历史进步使然,是现代教育改革使然,是"双师型"教师个人价值实现的需求使然。随着教师跨界在现代职业教育领域的不断演进和变革,"双师型"教师越来越成为职教教师专业化的"形象代言人",也成为推动现代职业教育改革和发展的强劲动力。

2. 跨界典例

目前,国内很多高职院校积极探索的"教师工作室",正是现代职业教育"双师型"教师跨界发展成长的路径之一。

工作室教学模式发端于德国的包豪斯设计学院。早在20世纪初,为了培养出既具有较高理论素养,又掌握工艺技能的高素质人才,包豪斯设计学院开始尝试"艺术与技术相联合"的作坊教学。我国高职院校的工作室教学是在借鉴德国包豪斯设计学院双轨制教学的基础上,结合自身实际及教育特点逐步发展而来的。

在现代职业教育改革的实践中,经济社会的发展对职业教育转型升级提出了更高的要求,"双师型"教师的工作职能出现了深刻的变革,这种变革投向"双师型"教师的工作实践,提高了"双师型"教师劳动的复杂程度和创造性。这些高职院校的跨界探索,无疑重新诠释了"双师型"教师专业化的含义,也为"双师型"教师的成长搭建了更为优质的平台。

"双师型"教师的专业化不应该只是一种期待,它更需要理性的变革和整体的规划。在专业化发展的过程中,自下而上的探索,如"双师型"教师的意愿、学校的实践,这些固然重要,但是自上而下的扶持,如从国家战略和各省教育发展的角度出发,在体系建构、渠道建设、管理创新、制度改革、经费投入等方面加大"双师型"教师专业化力度,同样刻不容缓、意义重大。可喜的是,近年来,不论是中央还是地方政府,都越来越重视职业教育的发展,相继出台了很多措施(跨界工作室即为一例),并加大了对职业教育的投入,力度之大令人振奋,"双师型"教师培养也取得了长足进展。

3.跨界视域

国家层面,教育部和财政部合力推进,中央和省两级实施,"双师型"教师培养政策迅速落实。自下而上的愿景,融合自上而下的措施,以跨界的视域引领"双师型"教师的培养,不仅为"双师型"教师自身的发展提供了广阔的空间,也为现代职业教育的跨越式发展创造了良好的主观条件,更为新时代培养出了既具有一定的理论知识,又掌握扎实的专业技能的高素质人才,这是现代职业教育"双师型"教师培养的理想路径。

(二)一体化的培养取向

随着现代职业教育办学规模的扩大、办学周期的延长,对现代职业教育的质量要求也愈来愈高。教育部要求高职院校要"改革教学方法和手段,融教、学、做为一体,强化学生能力的培养"。现代职业教育"双师型"教师一体化培养适应现代职业教育特点,体现以学生为主体的先进教学理念,将实践教学与理论教学有机结合,在培养学生综合素质的同时,也强化了"双师型"教师培养。

早在20世纪20年代,陶行知先生就提出"教学做"合一的教育思想。"双师型"教师一体化培养是现代职业教育"双师型"教师培养的重点举措。

我国多数高等院校传统的课程结构是先基础文化课、后专业基础课、再专业课的学科式课程体系,其特点是以学科为中心,强调课程的科学性、系统性和完整性。现代职业教育应我国经济技术的发展而生,目标是要培养出符合社会需求的技能型人才,其教学一开始也采取上述学科式模式,存在如下主要问题。

①不曾摆脱传统的普通高等教育教学模式,教师习惯于以课堂教学为主、以理论教学为主,习惯于布置作业、批改作业、解答问题。

②教师大部分来自普通高等学校,职业院校毕业的师资占少数,"双师型"教师偏少,理论教师偏多,不少教师只会"教"不会"做",实习指导教师严重不足。

③从企业中聘任的兼职教师数量不足，达不到教育部规定的应占专业教师比例大于16%的要求；并且多数从企业聘任的教师只会"做"，不会"教"，结果造成教学资源的浪费。

④相关的软件措施不适应"教学做"一体化教学模式。例如：考试方法单一，考试制度不适应课程改革的要求；教材、教学计划、教学大纲不适应课程体系改革的要求。

⑤缺乏与本专业配套的教学设备和实验设施。即使有些学校的教学理念达到了"教学做"一体化，但实际上只是在做表面文章，不舍得投入经费进行"教学做"相关的硬件改造，只是在纸上谈兵。

在新制订的国家级现代职业教育评估标准中将一体化教师作为一个重要的评估指标，凸显了一体化教师在现代职业教育发展中的突出作用。现代职业教育对"双师型"教师一体化培养的践行，是现代职业教育"双师型"教师培养的重要内容。

一体化课程是指在技能操作实习教学过程中融入相关理论知识来加深学生对技能操作的理解，加深对于技能操作规律的掌握。一体化课程的基本要素在于将理论教学与实践教学融为一体，在技能训练的课程中进行相关理论知识讲解，而不是一段时间讲理论、另一段时间进行技能操作。

"双师型"教师要进行一体化课程的教学，首先要有技能操作的基础，因为真正掌握技能操作不是一日之功，必须有多年技能操作的实践，才能处理在技能教学过程中的问题。其次，教师要具备一定的相关理论知识，能够从原理的角度来分析学生在技能操作中出现的现象，总结出技能操作的规律，让学生在理论知识的指导下进行技能操作训练。所以，作为一体化教师，要在有较高的技能操作水平的同时，具有一定的理论水平。所谓一体化教师，就是指能够同时胜任专业理论教学和实习指导教学工作，了解、掌握、熟悉企业生产服务一线的新知识、新技术、新工艺，掌握一定深度和广度的专业技能，能实现教学目标的承担一体化课程教学工作的教师。

"一体化"不仅仅是一种追求，还是实际存在的。因此，现代职业教育"双师型"教师一体化培养，应具有一定的量化指标，包括技能指标、专业指标和学历指标。

"双师型"教师一体化培养的核心含义在于与"双师型"教师培养的要求不同。一是对技能操作水平要求不同。一体化培养不仅必须具备生产中的操作能力并达到高级工以上水平，还必须在教学过程中给学生演示或直接进行生产操作。二是所承担的课程要求不同。一体化培养所承担的是一体化课程，该课程是以技能操作课为基础，在学生进行技能操作的过程中进行专业技术理论的传授，使学生更易于掌握专业技术理论知识在生产实践中的应用，对教师的技能水平要求较高。可见，一体化培养是在"双师型"基础上的更高要求。这也正是现代职业教育"双师型"教师一体化培养的意义所在。

为了适应现代化需要，培养高素质熟练劳动者，我国各高职院校普遍实行了专业理论和实习的一体化教学。所谓"一体化教学"是指专业课的理论与实践教学有机地结合起来，实行教学一体化、教学场地一体化、教材一体化、教师一体化。一体化教学，通俗的理解是为了使理论与实践更好地衔接，将理论教学与实习教学融为一体，即实践—理论—再实践的一体化。其内涵主要是打破传统的学科体系和教学模式，根据职业教育培养目标的要求来重新整合教学，体现能力本位的特点，从而逐步实现三个转变，即从以教师为中心如何"教给"学生，向以学生为中心如何"教会"学生转变；从以教材为中心向以教学大纲和培养目标为中心转变；从以课堂为中心向以实验室、实习车间为中心转变。现代职业教育"双师型"教师一体化培养的能力目标则成为提高教学质量的关键，它要求教师既是讲师又是技师，既要能系统地讲述理论知识，又要能指导学生进行操作训练；既要组织整个教学活动，又要管理实习所需设备、工具、材料等。这显然是现代职业教育"双师型"教师培养的"高级阶段"。

现代职业教育"双师型"教师一体化培养必须掌握以下要点：一是以硬件投入为前提，建设集教、学、做于一体的一体化教学场所；二是以教材和教学标准为依托；三是以课程创新为核心；四是以实操应用为基础；五是以考核评价为抓手。

第三章 "双师型"教师培养标准构建

本章主要内容是"双师型"教师培养标准构建，主要介绍了三方面的内容，分别是"双师型"教师教育素养标准构建、"双师型"教师专业素养标准构建、"双师型"教师服务素养标准构建。

第一节 "双师型"教师教育素养标准构建

一、"双师型"教师教育素养概述

（一）"双师型"教师教育素养的本质与表征

作为类型教育的一种，高职教育具有高等教育和职业教育的双重属性，肩负为社会培养高素质、高技能人才的使命。教师是学校发展的关键力量，承担着知识教学、能力训练、职业发展和帮助学生成长的关键任务，一支有力的高素质教师队伍是根本保障。

1. "双师型"教师教育素养的本质

"双师型"教师教育素养的本质是具有从事高职教育所需要的教育知识、能力、技能，能实现以学生为中心的有效教学，需要教师同时具有理论教学和实践教学两种教学能力，凸显职业教育较强的实践性特征。更深层次的隐性能力是具备将理论教学和实践教学相融通的素养，具备理实一体化的施教能力，将行业发展、科技发展、职业发展的新动态、新理论、新需求引入课堂，并施以教学化处理，成为学生能接受、可接受的教学内容。"双师型"教师要具备高超的教学设计与施教能力，将理论知识和实践能力创造性转化，处理为师生双向互动的教学内容、学习内容和学习活动。

2. "双师型"教师教育素养的表征

从表征上看,"双师型"教师需要两种经历、两种证书。两种经历是指学习经历和实践经历：一是学习经历,"双师型"教师具有较丰富的理论知识与学科知识,具备从事高职专业教学工作较深厚的学科理论基础,具备研究生以上学历;二是实践经历,"双师型"教师具备理论知识的实践应用能力和职业发展知识。两种证书是指教师资格证书和职业资格证书：一是经过学习培训,掌握教育学、心理学、法律法规等基本师范教学能力,具有基本的课堂教学设计与施教能力,取得高等学校教师资格证书;二是具有行业实践能力,取得不同等级国家职业资格证书。

(二)"双高计划"与"双师型"教师教育素养

"双高计划"是指中国特色高水平高职学校和专业建设计划,是中国共产党中央委员会和中华人民共和国国务院为建设一批引领改革、支撑发展、中国特色、世界水平的高等职业学校和骨干专业（群）的重大决策建设工程,亦是推进中国教育现代化的重要决策。

党的十八大以来,职业教育受到了前所未有的重视和发展,集中力量建设一批具有引领作用的高职院校和专业,大幅提升新时代职业教育现代化水平,实施"双高计划"是落实类型教育的重要制度设计。2019年3月,教育部、财政部出台关于实施"双高计划"的意见。2019年12月,教育部联合财政部正式启动实施"双高计划"。"双高计划"指导思想和根本任务是引领职业教育,使其服务国家战略,融入区域发展,促进产业升级,为建设教育强国、人才强国做出重要贡献;总的目标是打造技术技能人才培养高地和技术技能创新服务平台,支撑国家重点产业、区域支柱产业发展,引领新时代职业教育实现高质量发展。"双高计划"提出"一加强、四打造、五提升"的改革发展任务,即加强党的建设,打造技术技能人才培养高地、打造技术技能创新服务平台、打造高水平专业群、打造高水平"双师型"教师队伍,提升校企合作水平、提升服务发展水平、提升学校治理水平、提升信息化水平、提升国际化水平。

国家明确将"打造高水平'双师型'教师队伍"作为重要改革任务,总的思路是以"四有"标准打造数量充足、专兼结合、结构合理的高水平"双师型"教师队伍。注重专业群体带头人的引领——培育引进一批行业有权威、国际有影响的专业群建设带头人；注重培养教师技术技能——着力培养一批能改进企业产品工艺、解决生产技术难题的骨干教师，合力培育一批具有绝技绝艺的技术技能大师；注重引进行业师资——聘请行业企业领军人才、大师名匠兼职任教。

为促进经济社会发展和提高国家竞争力提供优质人才资源支撑，关键是要具备一批高素质、高水平、高能力、高产出、高引领的结构化师资。表现在教育素养上，"双师型"教师要有较高的教育学知识水平与能力，能以仁爱之心，把握学生身心发展的规律、学习规律和职业发展规律，洞悉职业教育的规律，集知识教学、技能传授、人格塑造于一体；具备高水平的专业知识，熟悉行业发展趋势，能指导、改进、解决生产的实际问题，具有熟练的专业技术技能；具备高超的教学技能，能科学地、艺术性地进行创造性的教学设计、组织学生学习；具备高水平的教学反思能力，将教学反思的成果进行创造性的成果转化，开发与建设高水平的课程、教材与教学资源，引领职业教育的发展。

二、"双师型"教师教育素养标准构建原则

（一）综合判定原则

教育素养的构成具有多维性、多层次性，显性素养与隐性素养相结合，涉及教育学、心理学、课程教学论、教学研究等多方面的知识，每个维度和层面又涉及相关方面的系统知识的特点。教育素养又呈现出较强的专业性和实践性，对教师素养的界定、评价不能过于细碎，而应聚集在高职教师的核心教学素养方面。采取综合判断方式，将教师素养构成分为教育知识与能力、课堂教学能力、教学建设能力，既突出教师教学能力的核心地位，又突出教育理论知识的重要性，同时凸显教师的职业成长性，即成为高水平的教学研究者与课程建设者。

（二）能力导向原则

教育哲学、教育理念、教学思想及相关的教育理论知识，要通过课堂这一"主阵地"呈现出来，评价教师能否胜任高职教师这一岗位，为国家培养高素质、高技能人才，要以实际的教学、人才培养为导向。将可以直接观察的教学行为、教学成效等作为主要标准，通过对教育学、心理学、课程教学论等理论的实际应用

能力，以及教学设计与组织实施能力、教学方法与教学评价的实施能力、教学改革与创新能力、课程建设能力等方面的考量来评审教师的教育素养。

（三）产出量化原则

教师的专业发展具有本身的职业成长规律，从一名新入职教师到一名合格教师、骨干教师、专业带头人和教育专家，需要不断地进行教学实践、理论升华。教师在不同阶段的产出水平不同，将定量与定性相结合，以产出量化为原则对教师的教育素养进行划分，可以为教师专业发展提供可衡量的依据。这有助于引导教师为自我成长找到标尺，有助于为标准应用提供可操作的依据。

（四）梯度递进原则

根据梯度递进原则，按照理论水平、实践经验和教学反思能力的差异，将教师素养按适应期、成长期、建业期、成熟期的不同进行区分，符合职业成长由低到高的特点，符合职业发展"生手—熟手—能手"的成长规律。

三、"双师型"教师教育素养标准架构

（一）教育知识与能力

1. 教育学知识与应用能力

教育学知识与应用能力包括对高等教育一般规律的理解和掌握，树立科学的教育理念和教育观，掌握高等教育的基本理念和基本方法，逐步形成运用教育理论发现问题、分析问题和解决问题的能力。"双师型"教师要加强对职业教育规律的理解与把握，理解高等职业教育的定位与培养方向，把握高等职业教育的职业性、产业性和社会性等属性，将高等教育的一般规律与高等职业教育相结合，具备针对性解决高等职业教育的问题的能力；在教育学理论与知识方面，要理解与掌握高等职业教育的内涵、功能、地位，开展教学活动，进行教学评价，讲授高等职业教育课程。

2. 心理学知识与应用能力

"双师型"教师要掌握高等教育所需的心理学知识与规律，树立正确的学生观与学习观，掌握教育心理学的理念与方法，应用教育心理学理论发现问题、分

析问题与解决问题；要加强对高等职业学校学生心理规律的理解与把握，将普通心理学与高等职业学生心理规律结合起来，理解与掌握学生的心理状态、学习特点、学习规律，把握学生的个性心理和群体心理，具备针对性发现问题和施教的能力；在心理学理论与知识方面，要理解与掌握学习基本理论、学习动机、学习策略，大学生的个性心理、群体心理，大学生的自我意识与自我教育、教育激励等。

3. 通用知识与能力

通用知识包括法律法规、教育政策等，通用能力包括通用师范能力、沟通表达能力、信息化能力等。"双师型"教师要具备与高职教师身份相关的"人师"品格与形象，具备高职教育"经师"角色应掌握的知识、有效表达及反馈能力与技巧。

（二）课堂教学能力

1. 课堂教学设计能力

在学情分析的基础上，"双师型"教师要创造性地使用教材，对相关学习资源进行教学化处理，按照学习规律对教学内容进行有机的安排。这包括教材和学习资源的选择与处理，教学目标、重点和难点、教学过程及时间的安排，以及教学方法、师生活动、作业与学习评价等的设计。

2. 教学组织与实施能力

在课堂教学设计的基础上，"双师型"教师要根据教学场景灵活地组织教学活动，有效地讲解、答疑，使学生有效地学习，合理地把握教学活动的时间与教学秩序，师生能顺畅地沟通与交流。

3. 教学评价能力

"双师型"教师要能针对性地选择合适的教学评价方法与评价手段，包括在课堂教学过程中有效地掌握学生的学习状态，及时进行策略调整；选择合适的过程性评价和结果评价方式，评价结果公平、公正、有效。

（三）教学建设能力

1. 教学改革能力

"双师型"教师要掌握教学改革的基本理论和基本方法，能进行教学反思，将教学反思进行理论的升华和实践的提升。具备教学研究能力，能编写教学案例、撰写教学论文、进行教学课题研究；掌握多种教学方法，理解不同教学方法的适用条件、对象与场景，不断提升并改革教学方法实施信息化教学；具备教学改革的实践能力，将新理念、新方法、新手段应用到教学实践中。

2. 专业建设能力

"双师型"教师要掌握专业建设的基本内容与方法，能参与专业共同建设；根据职业教育的特点、行业发展情况和相关政策与制度安排，进行专业课程、专业设置、实习实训、技能竞赛、规划教材、职业技能证书等方面的建设，促进专业内涵发展与动态调整。

3. 课程建设能力

"双师型"教师要掌握课程建设的理论、方法，能开发课程，建设课程资源；根据专业发展的需要和行业发展的情况，对课程进行更新、调整，开发新课程，建设课程资源。

四、"双师型"教师四阶段教育素养标准

按照在"双高"建设背景下对高职教师高水平的高要求，根据高职教师的岗位特性、高等职业教育的历史使命及高职教师专业发展的规律，高职"双师型"教师教育素养标准可分四阶段进行构建，每个阶段的能力又可以分为3大类。

（一）适应期（讲师以下职称）教育素养标准

1. 教育知识与能力

教育学知识与应用能力：掌握教育学基本理论知识；掌握基本德育理论和知识；了解职业教育教学的规律。

心理学知识与应用能力：掌握心理学基本理论知识。

通用知识与能力：具有基本的语言表达和沟通能力；具有基本的信息技术能力；掌握基本的教育法律法规知识。

2. 课堂教学能力

课堂教学设计能力：掌握基本的教学设计理念与方法；具有基本的课程思政知识与能力；基本能融入课程思政；教学结构安排合理。

教学组织与实施能力：了解教学组织与实施的知识；能选择教学环境，设置一定的教学场景；能完成教学活动；能组织学生活动；师生有交流；教学活动有序。

教学评价能力：理解教学评价的知识与方法；能选择合适的评价方法；能实施教学评价。

3. 教学建设能力

教学改革能力：理解教学改革的知识与方法；能使用信息化手段进行教学；能进行教学反思。

专业建设能力：理解专业建设的理论与方法；能理解职业教育专业的特点；能参加专业调研。

课程建设能力：理解课程建设的理论与方法；能进行课程教学；能参与开发课程资源。

（二）成长期（讲师）教育素养标准

1. 教育知识与能力

教育学知识与应用能力：恰当应用教育理论知识开展教育教学活动；熟练应用德育理论开展教学；掌握职业教育的特点。

心理学知识与应用能力：熟练应用心理学知识开展教育教学；能根据学习规律开展教学。

通用知识与能力：具有较好的语言表达和沟通能力；具备较好的信息技术能力；掌握较全面的教育法律法规知识。

2. 课堂教学能力

课堂教学设计能力：具备较好的教学设计能力；教学目标、重点、难点明确；能融入课程思政；教学结构安排科学合理；教学方法适用。

教学组织与实施能力：掌握教学组织与实施的规律；能合理选择教学环境，合理设置一定的教学场景；能有效实施教学活动；能实施课程思政；能有效组织学生活动；有一定的师生交流；教学活动有序；能参加团队教学。

教学评价能力：掌握教学评价的知识与方法；能选择多种评价方法；能实施教学评价。

3. 教学建设能力

教学改革能力：掌握教学改革的理论与方法；能创新性地使用教学方法和手段；能进行教学反思并撰写校级教学案例；能进行校级教学研究设计与实施。

专业建设能力：掌握专业建设的理论与方法；掌握职业教育专业的特点；独立进行专业调研；独立进行岗位分析；能指导学生竞赛；能参与教学能力竞赛；能参与编写普通教材。

课程建设能力：掌握课程建设的理论与方法；能独立完善课程；能独立开发课程资源；能建设院级精品在线课程。

（三）建业期（副教授）教育素养标准

1. 教育知识与能力

教育学知识与应用能力：综合应用教育学知识开展教育教学；灵活应用德育理论开展教学；熟悉职业教育的特点和规律。

心理学知识与应用能力：灵活应用心理学知识；能根据学生学习规律和个性心理开展教育教学。

通用知识与能力：具有很强的语言表达和沟通能力；具备很强的信息技术能力；掌握全面的教育法律法规知识。

2. 课堂教学能力

课堂教学设计能力：具备较强的教学设计能力；教学目标明确，重点、难点突出；熟练融入课程思政；教学结构安排科学合理；教学方法针对性强。

教学组织与实施能力：熟悉教学组织与实施的规律；能合理选择教学环境，针对性设置一定的教学场景；能熟练实施教学活动；有效实施课程思政；能有效组织学生活动；师生交流活跃、有效；教学活动有序；能组织团队教学。

教学评价能力：熟悉教学评价的知识与方法；能选择多种评价方法；能开发教学评价方法；能实施多种评价方式。

3. 教学建设能力

教学改革能力：熟悉教学改革的理论与方法；掌握职业教育的发展规律；能创新性地使用教学方法和手段；能进行教学反思并撰写省级优秀教学案例；能进行省级教学研究设计与实施。

专业建设能力：熟悉专业建设的理论与方法；熟悉职业教育专业的特点；能

组织进行专业调研；能组织进行岗位分析；能进行专业调整；能组织与指导学生竞赛；能组织与参加教学能力竞赛；能主编省级规划教材。

课程建设能力：熟悉课程建设的理论与方法；能独立完善课程；能开发新课程；能组织与建设省级精品在线课程。

（四）成熟期（教授）教育素养标准

1. 教育知识与能力

教育学知识与应用能力：综合运用教育学知识创新开展教育教学；创新德育理论开展教学；洞悉职业教育的规律。

心理学知识与应用能力：创新应用心理学知识；能开发学生的学习能力。

通用知识与能力：具有高超的语言表达和沟通能力；具备较强的信息技术能力；掌握全面的教育法律法规知识。

2. 课堂教学能力

课堂教学设计能力：具备高超的教学设计能力；教学目标明确，重点、难点突出；具有高超的课程思政能力；教学结构安排科学合理；教学方法有针对性、独特性、创新性。

教学组织与实施能力：洞悉教学组织与实施的规律；能合理选择教学环境，创新设置一定的教学场景；能创新实施教学活动；能灵活地实施课程思政；能有效、创新性地组织学生活动；师生交流活跃、有效；教学活动有序；能组织与指导团队教学。

教学评价能力：洞悉教学评价的知识与方法；能选择多种评价方法；能开发教学评价方法；能组织实施多种评价方式。

3. 教学建设能力

教学改革能力：洞悉教学改革的理论与方法；深入掌握职业教育的发展规律和趋势；能创新性地使用教学方法和手段；能进行教学反思并撰写全国优秀教学案例；能进行国家级教学研究设计与实施。

专业建设能力：熟悉专业建设的理论与方法；洞悉职业教育专业的特点；能开发新专业；能组织与指导学生竞赛；能组织与指导教学能力竞赛；能主编国家规划教材。

课程建设能力：洞悉课程建设的理论与方法；能开发新课程；能组织与建设国家级精品在线课程。

第二节 "双师型"教师专业素养标准构建

一、"双师型"教师专业素养概述

（一）"双师型"教师专业素养的含义

我国高等职业教育起步于 20 世纪 80 年代初期，20 世纪 90 年代国家政策文件对"双师型"教师的培养提出了明确要求。"双师型"师资队伍建设是提高教学质量，强化学生实践技能，实现高技能人才培养目标的核心要素。教育部下发的系列文件，如《教师教育振兴行动计划（2018—2022 年）》《教育部关于充分发挥行业指导作用推进职业教育改革发展的意见》《职业院校教师素质提高计划项目管理办法》，均对职业院校"双师型"教师的专业素质提出了明确的要求。

社会分工促使高职院校教师的专业发展介于工作与学习、学校与企业、就业与教育等不同环境之间，这是构成"双师型"教师标准的一个逻辑起点。在对"双师型"教师素质内涵的界定上，政府部门和学术界均未对其进行权威的阐述和界定，但"双师型"教师应具备的素质是比较清晰和统一的，"双师型"教师既要具备专业理论知识和基本教学技能，又要积极参加专业实践活动，提升实践操作能力和科研创新能力。"双师型"教师应是复合型人才，既要有专业层面的理论知识与能力，又要有应用性实践知识和能力。

高职教师的专业素养是教师从事教学、科研及社会服务应具备的专业知识与能力，主要包括专业知识水平和专业实践能力。专业知识水平要求教师具备三种知识：一是专业领域知识，教师要关注专业发展的前沿动态，掌握专业理论知识及相关的实践指导知识；二是行业发展知识，熟悉行业的最新技术、技能、理念，了解行业发展的规划；三是职业发展知识，关注社会人才需求趋势，熟悉本专业的职业群及职业资格与标准。高职教育具有鲜明的实践性特征，对教师的专业实践能力要求较高，教师应具备四种能力：一是专业实训能力，教师能对专业单项实训、专项实训和综合实训进行科学开发与有效组织；二是企业实践能力，教师能胜任企业岗位工作，具有熟练的岗位技能，能满足实践教学的要求；三是执业能力，教师具有高校教师资格证书和相关行业的从业资格证书或工作经历；四是校企合作能力，教师在行业、企业有一定的影响力，有能力推动专业校企合作。

在新时代背景下，提高"双师型"教师的专业素养具有现实意义。首先，这是优质高职院校建设的必经之路。《教师教育振兴行动计划（2018—2022年）》提出，大力增加"双师型"教师的数量，提高"双师型"教师的素质，促进高层次"双师型"教师队伍的建设，从而全面提升教师的素质和能力。其次，这是实现高职院校内涵发展的必然要求。我国高职教育发展几十年，已进入结构调整、突破创新、质量重建的内涵发展阶段。高职院校要高质量地发展，提升"双师型"教师的专业素养是核心要素。教育部办公厅印发的《职业院校教师素质提高计划项目管理办法》，对高职院校建设"双师型"教师队伍提出了明确的要求，要求打造一支师德高尚、素质优良、技艺精湛、结构合理、专兼结合的高素质专业化"双师型"教师队伍。提升教师专业素养是高职院校目前发展阶段的紧要任务。

（二）"双高计划"与"双师型"教师专业素养

《教育部 财政部关于实施中国特色高水平高职学校和专业建设计划的意见》明确指出为建设高水平高职学校和高水平专业群必须打造高水平"双师型"教师队伍，着力培养一批能技术攻坚、改进产品工艺、提供政策战略咨询的骨干教师。创建高水平"双师型"师资队伍既是"双高计划"的发展任务，又是高水平高职学校的重要建设目标。一支高水平的"双师型"教师队伍不仅要求高职教师具备扎实的专业知识基础，更需要高职教师在行业领域有权威性、在专业领域有国际影响力。一支引领学校高质量发展的"双师型"教师队伍将是高水平高职学校区别于一般高职院校的重要标志。

二、"双师型"教师专业素养标准架构

高职院校教师在整个职业生涯中，不仅要掌握专业知识技能，还要完成职业伦理、职业情感、职业品行、专业道德、敬业精神等高社会化的技能储备，并将这些社会化的技能储备转化为自身的职业素养和价值追求，从而组成高职院校教

师专业成长的核心素质。基于职业胜任力的冰山模型和洋葱模型等相关理论，借鉴相关学者的教师职业能力研究成果，"双师型"教师专业素养可被分为专业知识水平、专业实践能力两个二级指标，这两个二级指标又可以被分为7个三级指标。

（一）专业知识水平

高职教师是经历过长期专业培养的，一般接受过大学教育，甚至现在很多年轻教师的第一学历均在硕士研究生及以上，甚至具有博士学位。经过长期的、严格的专业培养，扎实稳固的专业理论知识、较高的科学研究能力是高职教师的共性，即高职教育"双师型"教师均具有扎实的专业领域知识，学历至少达到本科。此外，职业性是高职教育的根本属性，是"双师型"教师专业素养的基本特征。职业教育以市场为导向，"双师型"教师的专业素质更应立于职业活动的完整性。"双师型"教师应关注专业领域的职业发展，具有行业的前瞻性和敏感性；实时关注时事动态，留意国际前沿，熟悉企业文化，了解产品技术含量、工艺路线与生产流程。"双师型"教师专业素养"专业知识水平"的标准将从专业领域知识、行业发展知识、职业发展知识3个维度进行研制。

1. 专业领域知识

高职院校"双师型"教师要关注专业发展前沿动态，了解国内外专业发展的基本情况；掌握专业理论知识，具有专业领域较丰富的工作阅历或职业实践经验；具备承担教学研究、技术革新、产品研发等方面工作的能力，掌握相关的实践指导知识并具有公认的研究成果。

2. 行业发展知识

高职院校"双师型"教师要了解所在区域经济发展情况及所在行业现状与发展趋势，关注行业最新技术、理念及行业发展规划。

3. 职业发展知识

高职院校"双师型"教师要关注专业人才市场需求趋势和人才成长规律，熟悉专业行业标准和职业资格，了解企业用人标准和岗位职责。"双师型"教师提升自身的专业素养，以更好地创造丰富的、适合学生发展和学习的"环境"才是研制该标准的根本。

（二）专业实践能力

高职人才培养以就业为导向，学生第二课堂以发展职业能力为目标，为实现这一培养目标，教师须具备专业知识、专业能力、定岗操作能力。但研究表明，高职院校"双师型"教师专业实践能力不足、产教融合度不高，这一因素既影响高职教师的课堂教学效果，又影响高职院校人才培养质量的提高。

为提升高等职业教育教学质量、促进学生和教师自身的发展，"双师型"教师的专业实践活动能力是关键所在，也是高等职业教育的最终落脚点。要创建具有中国特色的高水平"双师型"教师专业素养标准，教师专业实践能力便成为必然选择。"双师型"教师专业素养"专业实践能力"的标准将从专业实训能力、企业实践能力、执业能力、校企合作能力4个维度进行研制。

1. 专业实训能力

高职教师要具备组织开展专业单项、专项实训的能力；了解专业实训生产流程和运营管理，科学开发综合实训项目；具有技师及以上工勤技术工种等级水平或具备相应的能力。

2. 企业实践能力

高职教师除能上讲台，还应有一段连续性的企业实践挂职经历，能胜任企业岗位工作，具有熟练的岗位技能，具备解决企业实践生产问题的能力，从而满足实践教学的要求。

3. 执业能力

高职教师要具有高校教师资格证书和相关行业的从业资格证书或工作经历。

4. 校企合作能力

高职教师要有一定的社会活动和交往能力，可以独立处理公共关系，在行业、企业有一定的影响力，有能力推动专业校企合作。

三、"双师型"教师四阶段专业素养标准

"双师型"教师专业素养标准应随着教师职业生涯发展而有所不同，基于教师职业生涯发展的四个阶段，即适应期、成长期、建业期和成熟期。此处探讨不同发展阶段的教师应具备的"双师型"教师专业素养标准。

(一)适应期(讲师以下职称)专业素养标准

1. 专业知识水平

专业领域知识:具有专业理论知识;了解专业实践技能知识;了解国内外专业发展情况;实践观摩专业技术革新、产品研发。

行业发展知识:了解所在区域经济发展情况及行业现状和趋势;了解行业的最新技术、理念;了解行业发展规划。

职业发展知识:了解专业人才需求趋势、人才成长规律;了解专业职业资格与行业标准;了解企业用人标准及岗位职责。

2. 专业实践能力

专业实训能力:组织开展专业专项实训;具有技师技能等级证书或具备相应的能力;了解专业实训生产流程和运营管理。

企业实践能力:至少有一年企业实践经历;熟练掌握企业岗位工作内容,了解企业运行流程;参与解决企业实际问题。

执业能力:具有高校教师资格证书;具有技师或同等级相关行业的从业资格证书。

校企合作能力:初步具备参加企业社会活动和交往的能力;具有协助企业导师处理公共关系的能力;参加专业校企合作。

(二)成长期(讲师)专业素养标准

1. 专业知识水平

专业领域知识:掌握专业实践技能知识,积极参与企业实践活动;关注专业发展前沿动态,掌握国内外专业发展趋势;参加专业技术革新、产品研发。

行业发展知识:掌握所在区域经济发展情况及行业现状和趋势,参与研制地方经济发展研究报告;掌握行业最新技术、理念,参与研制行业发展研究报告;参与制订行业发展规划。

职业发展知识:掌握专业人才需求趋势、人才成长规律;熟悉专业职业资格与行业标准;熟悉企业用人标准及岗位职责。

2. 专业实践能力

专业实训能力:组织开展专业专项和综合实训;具有高级技师技能等级证书或具备相应的能力;熟悉专业实训生产和运营管理流程。

企业实践能力：累计至少有两年企业实践经历或同等时间的企业挂职锻炼或工作经历；能胜任企业岗位工作，掌握企业运行流程；独立解决企业实际问题。

执业能力：具有高校教师资格证书；具有高级技师或同等级相关行业的从业资格证书。

校企合作能力：基本具备企业社会活动和交往的能力；具备独立处理公共关系的能力；能够独立实施专业产教融合、校企合作项目。

（三）建业期（副教授）专业素养标准

1. 专业知识水平

专业领域知识：熟悉专业实践技能知识，指导企业实践活动；熟悉国内外专业发展趋势；组织开展专业技术革新、产品研发。

行业发展知识：熟悉所在区域经济发展情况及行业现状和发展趋势，组织调研地方经济发展情况；熟悉行业最新技术、理念，组织调研行业发展现状；组织制订行业发展规划。

职业发展知识：熟悉专业人才需求趋势、人才成长规律；参与专业职业资格和行业标准的制订；参与制订企业用人标准及岗位职责。

2. 专业实践能力

专业实训能力：组织开展专业各类实训，并进行实训项目的开发和建设；具有技能等级考核评价能力；具有实训生产流程和运营管理的能力。

企业实践能力：累计至少三年企业实践经历或同等时间的企业挂职锻炼或工作经历；具有企业运营管理能力；全面解决企业实际问题。

执业能力：具有高校教师资格证书；技能等级考评专家。

校企合作能力：具备企业社会活动和交往的能力；具备全面处理公共关系的能力；牵头设计、组织实施专业产教融合项目。

（四）成熟期（教授）专业素养标准

1. 专业知识水平

专业领域知识：总结、提炼专业实践技能知识，全面指导企业实践活动，在行业有一定的影响力；洞悉国内外专业发展趋势；创新、引领专业技术革新、产品研发等。

行业发展知识：洞悉所在区域经济发展情况及行业现状和发展趋势，发表地方经济发展趋势研究报告；引领行业技术、理念，发表行业发展趋势研究报告；全面牵头制订行业发展规划。

职业发展知识：熟悉专业人才需求趋势、人才成长规律；组织研制专业职业资格和行业标准；组织制订企业用人标准及岗位职责。

2. 专业实践能力

专业实训能力：全面组织专业各类实训，并整合、提炼实训项目成果；具有技能等级考核评价能力；具有生产流程和运营管理的创新能力。

企业实践能力：累计至少五年企业实践经历或同等时间的企业挂职锻炼或工作经历；具有创新、设计企业管理模式的能力；具有系统解决企业实际问题的能力。

执业能力：具有高校教师资格证书；技能等级考评专家。

校企合作能力：完全具备企业社会活动和交往的能力，在行业有一定的知名度；具备系统处理公共关系的能力；能够整合、提炼、打造专业产教融合品牌。

第三节 "双师型"教师服务素养标准构建

一、"双师型"教师服务素养概述

（一）"双师型"教师与高职院校的社会服务能力

社会服务作为高职院校的基本职能之一，是人才培养与科学研究职能的向外延伸，也是高职院校强有力的核心竞争力的外在体现，已成为高职院校内涵建设的核心和外延发展的根本。"双师型"教师作为高职院校各项工作的主要推动者，是高职院校社会服务能力的关键要素，是实现高职院校社会服务功能的具体化。高职院校"双师型"教师要做好社会发展的服务者，在完成学校教学任务的同时为地方经济建设和产业发展培养人才。

良好的服务素养促进高职院校"双师型"教师获得社会认可。服务意识浓厚、专业能力出众的教师必然具有突出的服务业绩和丰厚的应用研究成果，从而建立起与社会的良好关系，也使"双师型"教师成为校企间文化认同的连接桥梁。一方面，"双师型"教师可将在企业获得的实践经验渗透到教学活动中，使学生熟悉对口企业文化，促进学生参加产教融合项目；另一方面，"双师型"教师利用交流、培训的机会将院校文化传递给企业，以增强企业对院校教学文化的认同，吸引企业与院校深入合作。由此，形成服务社会和服务学生的良性循环，促进"双师型"教师获得更大的社会认可。

（二）"双高计划"与"双师型"教师服务素养

高职院校"双师型"教师是教育领域中集多重角色于一体的教学主体，在工作中承担着这个岗位的职责，不仅要有较强的教学能力，还要有一定的社会服务能力去创造自身价值，为学生服务，为社会服务。因此，"双师型"教师要不断增强社会服务参与感，提高社会服务能力，发挥社会服务功能，做好社会服务的提供者，从而促进职业教育现代化服务能力的提升，更好地满足国家和社会的发展需求，为经济区域化发展做贡献，为打造技术强国做贡献。这就对"双师型"教师的服务素养提出了更高要求。

1. 认同自身服务角色

"双师型"教师作为高职院校社会服务工作的主要推动者，要认同自身社会服务角色，通过积极为社会提供服务建立角色自信，找到高职教师在社会中的存在感与安全感，纠正社会大众长期对职业教育的偏见，打破高职院校相关教师和学生群体在教育领域中被轻视、被边缘化的不利处境。

2. 树立正确服务意识

高职院校"双师型"教师队伍建设强调专业实践，"双师型"教师要认识到高职院校的办学倾向和办学理念已逐渐由重理论教学、轻技术应用向教学与实践应用双管齐下转变，应提高对社会服务的价值感认知度，增强参加社会服务的主观能动性。高职院校"双师型"教师是教育领域中集多重角色于一体的教学主体，在承担教学任务的同时，还应树立社会服务意识和观念，协调好自身发展与社会发展双向互利、共同发展的关系。

3. 具备相应的服务能力

一是立足行业和企业，为企业和科研机构的技术研发、科研成果推广及生产实践提供指导服务，为新产品、新技术的开发提供指导。二是凭借自身专业技能优势，运用自身所学的专业知识，向社会提供校外教育、终身教育和远程教育等，向企事业单位提供专门知识和各类咨询服务等。

"双高计划"对高职院校提出的社会服务功能要求，需要通过"双师型"教师的服务素养来实现，高职院校应为教师服务素养的养成创造良好的氛围，提供优质的平台。

首先，高职院校要加强对师生的正确职业理念的传导和灌输，向社会公众彰显积极正面的社会形象，加大职业教育相关的社会宣传力度，逐步扭转大众对于职业教育的不良印象，提高高职院校师生的认同感、归属感及教师对自身角色的信任感。

其次，高职院校要秉承"以服务为宗旨"的办学宗旨，增强教师的社会服务意识、服务理念，转变思维，改变服务态度，以服务意识提升服务行为、服务动力。同时，做好社会服务宣传工作，高职教师要"走出去，请进来"，争取更多的企业合作机会，同时将更多的企业文化和先进技术带进学校，实现教师"走出去"和将企业"请进来"的目的。

最后，高职院校要积极融入当地，与地方协同互助，实现资源共享、共建。其一，教师要将产学研相结合，参加企业、科研机构的产品和技术研发，为企业的生产实践、管理、技术改进提供具体方案，通过解决实际问题锻炼自己的科研创新能力，并以更好的专业技术和专业能力来服务企业。其二，发挥职业教育的培训功能，完善相关培训管理体制和规章制度，扩大职业培训的服务对象，增加教师培训企业职工的机会，锻炼教师的培训能力，提高培训水平。其三，加强教师的社区服务意识，鼓励教师进行社区教育服务，扩大高职院校"双师型"教师的影响力。

二、"双师型"教师服务素养标准构建原则

（一）以服务价值为导向

坚持新时代办学方向，引导"双师型"教师投入社会服务。坚持以评促建，鼓励二级学院提供教师服务的环境保障，激励教师主动对接社会需求，强化其解决实际问题的能力，在技术研究和服务上投入更多的热情和精力。在提高自身技

术技能水平的同时，要以为当地经济社会发展做贡献为目标，提升学校的实力与水平。

（二）考虑教师发展阶段

"双高"建设背景下对职业学校的社会服务能力评价是一项系统性工程，特别是教师在不同发展阶段服务能力的贡献度方面，指标体系要按不同的教师发展阶段，把技术创新能力与项目开发能力、成果提炼能力、成果转化与推广能力、应用服务能力、社会影响力五项指标引到"双师型"教师服务素养指标结构中来。

（三）数量与质量统一

指标体系要能全面、客观、准确地反映学校的社会服务能力、水平及当前服务社会的现实成效；在考虑量的同时还需要注重质的提升，要遵守社会服务质量与数量的统一原则，指标要可以通过数学运算进行测量。

三、"双师型"教师服务素养标准架构

"双高"建设背景下打造一支高素质的教师服务队伍，是我国"大国工匠"精神发扬与传播的基石，是新时代高职发展的方向。"双师型"教师服务素养要以理论与实践相统一为原则，在科学研究、技能服务、指导教学等方面，将服务素养内化于心、外化于行。"双高"院校立足学校实情，从学校顶层设计到二级学院二级管理，再到教师主动投入，设计出适用、合理的评价研究对象的指标结构，发挥此结构评判与激励的作用，形成良性机制，促进教师社会服务的内生性发展。对处于不同阶段的教师，制订教师社会服务的向度与评价结构，指导教师在从事服务的过程中，以职业技能服务为导向，具备技术技能应用与研究能力，取得技术服务成果与经济效益，从而形成社会影响力。

"双师型"教师服务素养和学校的宏观环境、效果产出相关。在宏观环境方面，不同的制度、学习、研究、合作条件会影响教师个人服务素养的形成，这也是教师关心的平台条件问题，也是教师服务素养养成和从事服务的基础。因此，研究与开发教师服务素养标准显得更有现实意义，需要从制度层面引导教师发展。

为使整个评价体系具有完整性、系统性和综合性，真实反映教师的服务水平，我们认为应把教师服务素养的考查重点放在以社会需求为导向开展的服务活动及

其质量上,在高校科研与社会服务职能履行的全过程中体现服务理念和意识,即从研究创新能力和社会服务能力两个维度构建二级指标。研究创新能力由技术创新能力与项目开发能力、成果提炼能力两个三级指标构成,体现了教师服务素养应具备的个人能力条件。社会服务能力由成果转化与推广能力、应用服务能力、社会影响力三个三级指标构成,体现了产生服务成果效益所具备的服务素质。"双师型"教师服务素养指标包括研究创新能力和社会服务能力两个二级指标,这两个二级指标又分别可分为技术创新能力与项目开发能力、成果提炼能力和成果转化与推广能力、应用服务能力、社会影响力五个三级指标。

技术创新能力与项目开发能力包括:用不同方法和不同观点解决和探索问题的能力;把常规方法转用于新情况的能力;确定完成任务的顺序和循序完成任务的能力,包括想象力、思路新颖性和发明才能;善于发现新用途和新课题的能力。科研工作的可量化要素指标体现在课题研究上,通过纵向专业研究与横向技术研发项目的数量与质量来体现。成果提炼能力通过论文、著作及成果被采纳数量与质量等要素来体现。教师的成果转化与推广能力则将专利与软件著作权、成果转让和科研反哺教学的实践工作作为考查要素指标。应用服务能力则通过教师对企业的生产实践指导、校外培训、技术咨询等要素来体现。教师的社会影响力以社会兼职、科研获奖、科研团队与科研平台角色等指标来展现。

四、"双师型"教师四阶段服务素养标准

(一)适应期(讲师以下职称)教师服务素养标准

1. 研究创新能力

技术创新能力与项目开发能力方面的要求:具备良好的信息处理能力,能对问题进行整理、分类、分析;参加校外科研(教改、教研)项目或主持校级及以上科研(教改、教研)项目或参加横向项目。

2. 社会服务能力

成果提炼能力方面的要求:具有良好的文字处理能力,发表或合作发表与所从事专业相关的论文或撰写著作。

成果转化与推广能力方面的要求:能积极申报知识产权;积极联系行业、企业,参加项目推广。

应用服务能力方面的要求：参加工学结合项目，熟悉企业生产（业务）流程。

社会影响力方面的要求：参加科研平台的基础研究工作；积极加入科研团队，在人才项目或团队项目中承担基础研究工作。

（二）成长期（讲师）教师服务素养标准

1. 研究创新能力

技术创新能力与项目开发能力方面的要求：具备良好的发现问题和解决问题的能力；能够主持完成市厅级及以上科研（教改）项目或能承担横向项目。

2. 社会服务能力

成果提炼能力方面的要求：具有良好的文字处理能力，能独立发表与所从事专业相关的论文或著作；参与研究的成果能形成文件或研究报告。

成果转化与推广能力方面的要求：能积极申报知识产权，并取得专利与软件著作权；取得的专利或软件著作权能转让或转化；能将参加或主持的横向项目用于教学，并形成案例。

应用服务能力方面的要求：主持校级访工项目；熟悉企业生产（业务）流程，能解决企业生产工艺（业务）方面需要改进的普通问题；能参加校外培训工作。

社会影响力方面的要求：积极参加业内的项目鉴定；研究成果能积极争取市级三等及以上科研成果奖；参加科研平台的基础研究工作；积极进入科研团队，在人才项目或团队项目中担任主要角色。

（三）建业期（副教授）教师服务素养标准

1. 研究创新能力

技术创新能力与项目开发能力方面的要求：掌握学科前沿，能对社会需求进行正确预测，同时提出科学、先进的解决方案；能承担省级及以上科研（教改）项目或承担企事业单位委托的重要研发项目。

2. 社会服务能力

成果提炼能力方面的要求：能在本学科主流和前沿领域开展教学改革与研究工作，专业论文以独立或第一作者的名义在国内外有一定影响力的学术期刊上发表或出版。

成果转化与推广能力方面的要求：取得专利与软件著作权，并得以转化，关键技术和成果在相关产业、行业得到推广和应用，产生一定的影响和经济效益；能将主持的横向项目用于教学，形成案例并获奖。

应用服务能力方面的要求：主持完成业务主管单位访工项目；以技术服务、技能培训等手段多领域、多渠道地开展服务地方的工作；为企事业单位解决关键问题，有一定的受益面和经济效益。

社会影响力方面的要求：在行业有一定的影响力，有社会兼职工作，能担任行业评审专家，并具备项目指导能力；研究成果取得市级二等及以上科研成果奖励；在科研平台中担任负责人或为主要成员，并能完成重要研究工作；担任科研团队主要成员或具备担任市级及以上科研平台负责人的条件；积极申报校内外人才项目，入选校级及以上人才计划；积极参加各类学术交流活动，在行业有一定的影响力。

（四）成熟期（教授）教师服务素养标准

1. 研究创新能力

技术创新能力与项目开发能力方面的要求：掌握学科前沿，能对社会需求进行正确预测，提出科学、先进的解决方案；有较强的资源整合能力与外联能力，积极申报国家级科研项目，能承担省级及以上科研项目或承担企事业单位委托研发的重大项目。

2. 社会服务能力

成果提炼能力方面的要求：能在本学科主流和前沿领域开展研究工作并取得显著的研究成效，有一定数量的专业论文以独立或以第一作者的名义发表在国内外有一定影响力的学术期刊上；主持的研究成果能形成文件或研究报告并被省级及以上政府主要领导采纳。

成果转化与推广能力方面的要求：取得专利与软件著作权，并得以转化，关键技术和成果在相关产业、行业中得到推广和应用，产生较大的影响和经济效益；能将主持的横向项目用于教学，并形成案例集，参加省业务管理单位案例评奖并获奖。

应用服务能力方面的要求：以技术服务、技能培训等手段多领域、多渠道地开展服务地方的工作；能为企事业单位解决"卡脖子"的难题，并产生较大的受益面和经济效益。

社会影响力方面的要求：在行业有一定的影响力，兼职行业工作有业绩，能担任行业评审专家，并具备较强的项目指导能力；研究成果获得市级一等奖及以上成果奖励，或符合参评省级科研成果评奖的要求；具备较强的团队指导能力，具备担任省市科研平台负责人的资格条件；担任市级及以上科研团队主持人；积极申报校外人才项目，入选市级及以上人才计划；积极参加各类学术交流活动，在行业有较大的影响力。

第四章 "双师型"教师培养制度构建

本章主要介绍了"双师型"教师培养制度构建，分为五个方面进行阐述，依次是"双师型"教师资格准入制度、"双师型"教师培养培训制度、"双师型"教师职称评审和聘任制度、"双师型"教师管理考核制度、"双师型"教师评价机制。

第一节 "双师型"教师资格准入制度

《国家中长期教育改革和发展规划纲要（2010—2020年）》明确了我国职业教育未来的发展方向和发展目标，强调了"双师型"教师在职教师资队伍建设中的重要作用和地位，为了进一步完善高职院校"双师型"师资队伍建设，政府需尽快出台一系列与"双师型"职教师资培养培训制度相配套的政策，从宏观政策上体现对职教师资队伍建设的重视和支持。各级地方政府需根据地方经济和教育发展目标，建立健全"双师型"师资培养培训制度。各高职院校要把"双师型"师资培养培训工作视为重中之重，不断优化师资队伍结构，提升高职院校的综合实力和竞争力。

一、"双师型"教师资格制度构建

目前，"双师型"教师的资格认证制度是缺失的，很多高职院校在实践中对"双师型"教师资格的认证依然停留在"双证书""双职称"和"双能力"等层面上，这使得"双师型"师资队伍建设难以实现全面化和规范化操作。组织实施教师资格考试和定期注册试点工作，建立"国标、省考、县聘、校用"的教师准入和管理制度，同时探索建立教师资格考试和定期注册制度，这项制度是《国家中长期教育改革和发展规划纲要（2010—2012年）》对加强教师队伍建设方面提出的重要举措。2022年10月25日，教育部发布了《教育部办公厅关于做好职业教育"双师型"教师认定工作的通知》,并随文发布了《职业教育"双师型"教师基本标准(试行)》,其中对职业教育"双师型"教师的总体要求和级别作了规定。但在实际教学中,"双师型"教师的资格认定仍然有一定的问题。我们应建立完善的"双师型"教师资格制度,明确"双师型"教师任职资格标准,并进行定期注册考核,努力打破教师资格证书无时限的规定,这样才能让部分达不到教师标准的人员退出教师队伍,保证"双师型"教师队伍的达标率。这个制度就像其他行业的资格准入制度一样,以后要进入职业教育领域的新教师必须经过全国统考,若要成为"双师型"教师,必须取得"双师型"教师资格方可被聘用。

(一)"双师型"教师资格制度的必要性

"双师型"教师的重要性决定了"双师型"教师资格制度的重要性。职业教育与社会经济发展、生产建设密不可分,担负着为区域经济培养技能型、操作型人才的重要使命,人才培养质量直接关系着国家社会经济建设。在我国经济迅速发展的今天,我国十分渴求高素质、高水平的技能型人才,东南沿海地区和经济发达地区频繁出现"技工荒",劳动密集型企业缺乏熟练的技术工人,高技能人才的严重短缺已经影响到我国经济的发展。加快培养高素质技能型人才成为职业教育刻不容缓的历史使命。要培养具有较强的实践动手能力和解决实际问题能力的学生,就需要有高水平的教师。只有理论知识而缺乏实践经验、只能讲不能练的教师是不可能培养出实践能力强的学生的。近几年,许多高职院校把主要精力放在了大量招生和新校区的建设上,对高等职业教育的内涵建设不够重视、研究不多、投入不足,其生存和发展潜伏着危机。要解决这个问题,唯有加快内涵建设、着力提高办学质量,以鲜明的办学特色、过硬的人才培养质量赢得社会的认可和尊重,才能尽快树立职业教育这个品牌。内涵建设中最为关键的是"双师型"教师队伍建设,它直接关系到高职院校的发展方向和教育教学质量,是职业教育人才培养质量的根本保证,是决定高职院校能否实现可持续发展的关键因素。建立一支高素质、高水平的"双师型"教师队伍不仅是市场经济对高职院校的客观需要,更是职业教育要办出特色的关键所在。培养"双师型"教师是职业教育教师发展的必经阶段,"双师"素质是高职院校教师应该具备的基本素质,也是教师为提高自身素质而努力的方向。"双师型"教师队伍规模和素质水平影响着高职院校师资队伍建设的质量，所以必须尽快建立"双师型"教师资格制度。

"双师型"教师的特殊性要求建立"双师型"教师资格制度。尽管学界至今对"双师型"教师的标准都没有形成统一的认识，但从根本性质来看，"双师型"教师应具备相应的专业理论知识，同时也要具备实践经验或专业技能，并且具备良好的教师职业道德和教学能力。简言之，"双师型"教师就是既要懂专业理论，也要精通专业技能的职业教育教师。正是"双师型"教师的这一性质使其有别于普通教师。我国教师职业资格证书大致可分为高校教师、中职教师、高级中学教师、初中教师、小学教师及幼师资格证。从考试科目和考试形式上不难看出，我国教师职业资格证书更侧重于对教师的教育教学能力和专业理论知识的考核，对"双师"素质的考核能力有限，尤其是对"双师型"教师专业技能这一模块的考查存在盲点。此外，我国的职业教育分为中等职业教育和高等职业教育，由于历史等原因，中等职业教育和高等职业教育分属不同教育类型，中职院校教师须取得高职教师资格证书，高职院校教师须取得高校教师资格证书，高职院校教师取得的高校教师资格证书与普通高等院校教师取得的教师资格证书无异，然而，高等职业教育教师任职要求和任职资格与普通高等院校教师任职要求和任职资格存在巨大差异，因此现行的教师资格制度并不能准确、全面地考查"双师型"教师的资格要求，我国急需出台专门针对"双师型"教师资格认证的职业资格证书制度。

职业教育教师来源的多样化要求建立"双师型"教师资格制度。目前，我国职教师资来源主要有以下几个渠道。一是高校毕业生。高校毕业生虽然专业理论知识比较扎实，但是他们普遍缺乏教育领域的各种知识，以及技术实践领域的知识。二是离退休教师。离退休教师虽然理论知识和专业技能都很丰富，但对于技术发展迅速、科技日新月异的今天而言，仍然需要不断学习专业领域的前沿动态和技术。三是企事业单位的专业人才。这类人才专业技能十分娴熟，但是缺乏一定的教育知识和教学技能，如何将专业前沿技能和信息更有效地传达给学生，是此类教师必须解决的问题。这些不利因素都将制约教师专业技术和专业知识的形成，影响到"双师型"教师队伍的建设。高职院校教师来源广泛，个体差异十分明显，如何评价教师的职业能力和工作匹配度已经成为困扰职业教育教师队伍建设的重要难题，因此建立"双师型"教师资格制度，有利于统一教师任职标准，优化教师素质结构，提高"双师型"教师比例。

(二)"双师型"教师资格标准制订要求

从政策层面讲,在建立"双师型"教师资格制度之前,首先要明确"双师型"教师的资格标准,换言之,就是要明确什么是"双师型"教师。从目前该课题的研究现状来看,对"双师型"教师资格标准从定量方面进行的创新性研究几乎是空白,学者主要从定性的角度展开研究。有的学者提出,"其中一项主要内容是建立'双师型'教师资格平台,这个平台应紧扣教师的学历、专业技能水平、实践经验和教学方法的掌握这四个方面来做要求"[①]。2009年出台的《高等职业院校人才培养工作评估方案》对"双师"素质进行了定义,《职业教育"双师型"教师基本标准(试行)》中也对"双师型"教师的标准进行了一定的说明,虽然现在学术界没有达成统一意见,但是可以借鉴已有文件的核心标准,制订"双师型"教师资格标准的基本价值取向。此外,各地方政府也要根据地区职业教育发展水平和当地经济发展、企业发展状况等制订相应的"双师型"教师资格标准。

1. 强调教师基本素质

"双师型"教师首先必须是合格的职业教育从业者,具备基本的教育、教学能力。一方面,"双师型"教师要有传道、授业、解惑的能力和素养,接受过正规化的教师岗前培训,通过"教育学""教育心理学""教师职业道德"等课程的学习和考试,合格后方可取得教师资格证书。简而言之,作为职业教育"双师型"教师,必须了解基本的职业教育规律和职业教育特点,对职教学生的学习心理和学习习惯有一定的认知,掌握一定的教育教学方法,具有一定的组织协调能力,并且具备相应的心理素质和职业素养。我国现行的教师资格认证体系基本能够满足对教师从业者基本素质的考查,对"双师型"教师基本素质的考核可以直接借鉴其教师资格证书系列的考核结果。总之,"双师型"教师必须首先具备基本的教师资格。

2. 突出强调工作经验

我国职业教育起步较晚,"双师型"教师队伍建设处于规范化初期。可以借鉴国外职业教育"双师型"教师资格认证制度的经验,结合我国实际,由教育行政管理部门建立适合我国职业教育发展的"双师型"教师资格认证制度,这是"双师型"教师队伍建设的核心所在。在美国职业教育教师职业资格证书的标准要求

---
① 黄斌,毛青松."双师型"教师资格标准体系初探[J].教育与职业,2006(30):41-42.

中，工作经验是首要考虑的因素。具备相关专业的工作经验是衡量"双师型"教师是否具有相关专业技能的最为直观的标准，可行性和可操作性比较强。当然，对工作经验的突出要求因专业领域不同而不同，那么对于工作经验的年限应该如何定义比较合理呢？从业者根据其学习经历可以划分为不同层次，例如：大专学历者应该具备本专业 5 年以上的工作经验；本科及以上学历者应具备本专业 2 年以上的工作经验。"双师型"教师必须具备相关专业工作经验，这是成为"双师型"教师的首要前提，也为"双师型"教师专业设定更为明确具体的准入门槛、建立"双师型"教师资格制度考核指标提供了参考标准。因此，在构建"双师型"教师准入制度时，必须将这个标准体现在"双师型"教师资格制度中，严格执行标准，这也是"以能力为本位"的职业教育发展的必然要求。

3. 重视专业知识的积累

高职院校专业按大类可分为两类，即工科技术应用类专业和管理服务类专业，前者侧重于对新原理、新技术、新工艺、新流程及新设计方案等的掌握、运用与实践，后者则侧重于对管理服务知识、理念、意识的理解，并更多地强调实践经验。不同专业对应不同的岗位群，对专业知识的要求不大相同，但是作为专业知识和技能的传授者和引导者，"双师型"教师必须具备本专业理论知识。国内外专家、学者、教育行政部门等对职业教育教师应具备哪些专业知识和能力开展了广泛的讨论和分析，普遍认为"双师型"教师所应具备的专业理论知识主要包括专业基本知识、专业核心知识和专业前沿知识，此外，还需具备必要的教育理论知识，二者综合形成"双师型"教师的知识结构。需要特别指出的是，教学科研是当前培养"双师型"教师专业知识和技能的重要途径，但也是当前高职院校科研管理工作比较薄弱的地方。高职院校应充分调动基层教研组开展教研活动的积极性，引导基层教研组以职业课程理论和教学理论为指导，结合学校专业、教师队伍现状、学生实际等情况，大力开展主题教育、教学、科研活动，提升教师的专业素养，优化专业知识结构。

（三）"双师型"教师资格制度构建的基础

1. 理论基础

"双师型"教师职业是一种专门化职业，需要专门的资格制度。职业教育教师有其鲜明的职业属性。建立"双师型"教师资格制度是职教教师专业化制度建设的重要手段。职教教师是专门从事职业教育教学工作的人员，通过开展各种各样的职业教育教学活动，培养数以千万计的生产、服务、管理一线的技能型人才，为教育、经济、社会做贡献。职教教师要依据学生的实际年龄、学习背景、需求、兴趣等实际情况，选择适合学生的教学方法，根据行业发展的实际要求，不断补充和更新专业理论知识和专业技能，从而实现有效教学。"双师型"教师拥有一套专门化的知识体系，这一知识体系由与所教专业相关的知识技能体系和职业教育教学的知识体系组成。"双师型"教师作为职教教师的一种类型，也具有一定的专业自主性。"双师型"教师自身的职业属性，使得"双师型"教师有别于其他类型的专业化职业，也有别于其他类型的教师。此外，近代管理学家、社会学家和心理学家从不同角度研究了怎样激励人的问题，并提出了许多激励理论。其中应用较多的主要有马斯洛（Maslow）的需要层次理论、赫茨伯格（Herzberg）的双因素理论、弗鲁姆（Vroom）的期望理论和熊川武的全面激励理论。这些激励理论为制订"双师型"教师资格制度提供了理论支撑。

2. 实践基础

高职院校已经逐渐意识到"双师型"教师与普通职教教师的不同，并且开始实践建立专门的"双师型"教师资格制度。如湖南永州职业技术学院制订和出台了一系列有关"双师型"教师队伍建设的措施和政策。《永州职业技术学院"双师型"教师资格认定办法》把完善教师的知识群和实践能力结构层次、职业及道德素养作为首要目标，在制订标准时，着重强调教师本身实践能力构建的同时，也注重教师的职称和从业资格证的获取。《酒泉职业技术学院"双师型"教师资格认定及津贴发放办法》规定了"双师型"教师的认定标准，在职称和工作经验上做了具体要求。更值得一提的是，"双师型"教师资格是有年限的，有效期为5年，有效期满，教师要重新申请资格认定。这一点颠覆了传统的教师资格终身制的理念和做法，对激发教师工作热情、调动教师工作积极性有很大的促进作用。河南职业技术学院出台了《"双师型"教师的认定和奖励办法》等一系列文件，建立了"青年教师导师制"，为"双师型"教师的培养和成长创造了比较完善的制度环境。学院还采取"走出去、请进来"的办法，将部分优秀教师送到全国知名高校进修学习、做访问学者，或攻读博士、硕士学位，邀请国内知名教师、专家、学者来院做学术报告，开阔教师视野，促进教师的专业成长。可见，高职院校对"双师型"教师资格标准的诉求十分强烈,有关教育主管部门应予以重视,尽快建立"双师型"教师资格制度。

(四)"双师型"教师资格制度体系设计要点

1. 资格标准

(1) 基本素养

①思想品德方面。教师要有学识,但更要有德行,品德行为是根本。教书育人并非一朝一夕之事,需要教师有坚定的信念和孜孜不倦的诲人之心,要热爱教师这一职业,有光荣的职业归属感。因此,具有坚定的从业思想、良好的道德修养是对"双师型"教师的基本要求。行为方式是思想品德最主要的表现形式,人的内在品质或多或少是通过行为方式和行为结果表现出来的,行为与品质互为表里。对人内在品质的洞察比较困难,但是可以通过外化的行为来判断一个人的基本道德素质。对思想道德素质状况的评价可以采用客观和主观两种方式结合进行,这样更加科学合理。客观评价可以从资格申请者的个人档案,以及工作单位、毕业学校提供的书面证明材料方面进行鉴定,也可以采用现代素质测评技术进行客观预测,如FRC(事实报告计算机辅助分析)品德测评法和16PF人格测试(卡特尔十六种人格因素测试)等,通过科学的测评工具来分析资格申请者是否具备"双师型"教师的基本道德素质。

②学历要求方面。关于职教师资的学历要求,国家或地区间各不相同,但多数要求具有硕士研究生及以上学历。我国中职教师的学历要求是具有本科学历,高职教师要求相应提高,需要具有硕士学位,我国台湾地区技职学院也规定教师需具有硕士学位。国外,德国的科技大学规定教师要有博士学位,法国的技术学院教师同样需具有博士学位,美国社区学院规定专职教师要有硕士以上文凭,兼职教师原则上也要有硕士学位。我国职业教育教师学历水平差异较大,最低学历只有中专学历,最高学历是博士学历。考虑到我国职教教师发展现状,"双师型"教师应具有本科及以上学位,但如果具有5年以上的工作经验者,学历条件可适当放宽到大专,这样更有利于引进优秀的技术人才到学校任教。

(2) 专业能力

①专业知识方面。术业有专攻,不论是工科技术应用类专业还是管理服务类专业,其"双师型"教师都必须具备所教专业和学科的专业知识,包括专业基础、

核心及前沿知识。了解专业知识的掌握程度可以通过各种形式的考试和考查来完成，如参加本专业的职业（执业）资格考试。

②专业技能方面。专业技能包括基本技能、专业操作技术。这里所谓的基本技能是指从事本专业技术的常规技能，如人际沟通、知识宣讲、情景表演和示范能力。例如，酒店管理专业课老师应具有酒店服务通用基本技能。专业操作技术是指运用所研究方面较高层次专门技术的能力，尤其是专业实践操作能力，如酒店的客房服务操作专项技能、餐厅服务操作专项技能等。往往专业技能在传统教师资格认证制度中是无法考查到的，这也是现行教师资格制度的一个弊端和弱势。为了弥补这一缺陷，建议在"双师型"教师资格制度中增加专业技能考核项目，考核内容和形式以专业和行业基本从业技能为主，由政府统一组织，行业、企业中的协会或委员会监督执行。

③教学能力方面。教学能力就是常说的包括传道、授业、解惑的教师职业能力和素养，具体是指指导、讲解、演示、实际操作示范等基本的教育教学技能，除此之外，还应包括专业的研究能力。"双师型"教师尤其要重视自身教学能力的提升，拥有专业理论讲授与实践技能传授这两种工作任务的互换和驾驭能力，准确传达专业理论知识和实践技能。"双师型"教师不能只满足于对现有专业知识的学习，还要具备一定的专业研究和开发能力，这是对"双师型"教师高层次能力的要求，是对优秀"双师型"教师能力的挑战，也是每位"双师型"教师奋斗的方向。对教学能力的认定可以采用理论测试和实践测试两种方式。教学能力的理论测试以笔试方式进行，内容主要包括职业教育的理论知识，如职业教育学、职业教育心理学、针对不同专业和相关职业领域的专业教学论等。实践测试可以采用面试和试讲方式，主要考查资格申请者原理教学与技术应用相融合的能力、是否善于利用现代多媒体技术，考查申请者的综合能力。

2. 资格认证程序

（1）认证路径

我国"双师型"教师资格认证程序可以效仿美国职业教育教师资格认证程序分为两条路径，即传统路径和替代路径。传统路径主要针对职业技术师范院校的毕业生设计。这类高校毕业生在大学毕业时，取得相应的学历证书和学位证书，并且完成一定学时的实习工作，经教育主管部门鉴定合格，方可取得"双师型"

教师资格证书，如图 4-1-1 所示。替代路径主要针对转行或企事业单位的技术人才设计。这类人才在提供工作经验证明的前提下，参加传统的教师资格考试和专业知识考试，考试合格方可取得"双师型"教师资格证书，如图 4-1-2 所示。

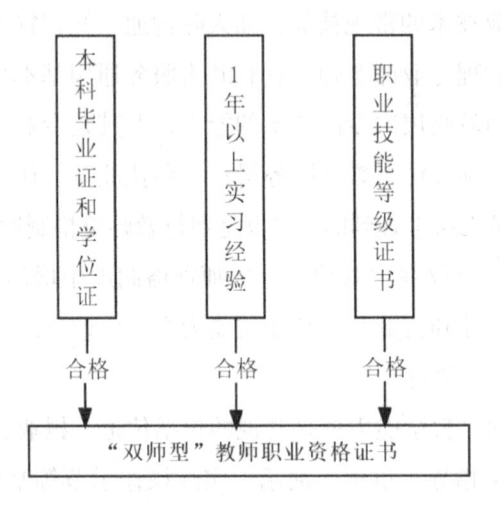

```
┌─────────┐  ┌─────────┐  ┌─────────┐
│本科毕业 │  │1年以上  │  │职业技能 │
│证和学位 │  │实习经验 │  │等级证书 │
│证       │  │         │  │         │
└────┬────┘  └────┬────┘  └────┬────┘
   合格           合格          合格
     ↓             ↓            ↓
   ┌─────────────────────────────┐
   │  "双师型"教师职业资格证书   │
   └─────────────────────────────┘
```

图 4-1-1　取得"双师型"教师资格证书的传统路径

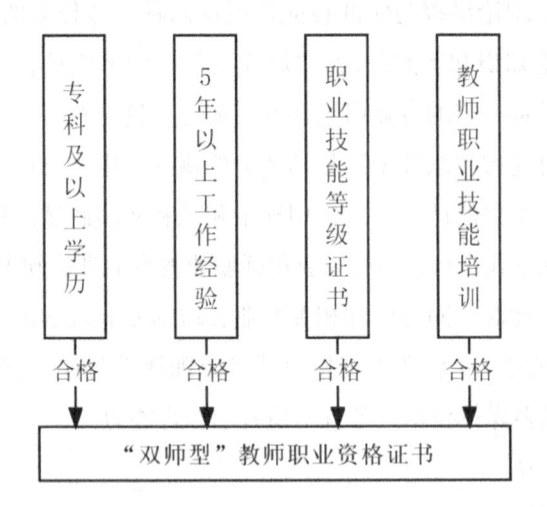

```
┌──────┐ ┌──────┐ ┌──────┐ ┌──────┐
│专科及│ │5年以 │ │职业技│ │教师职│
│以上学│ │上工作│ │能等级│ │业技能│
│历    │ │经验  │ │证书  │ │培训  │
└───┬──┘ └───┬──┘ └───┬──┘ └───┬──┘
  合格      合格      合格     合格
    ↓        ↓         ↓        ↓
   ┌──────────────────────────────┐
   │   "双师型"教师职业资格证书   │
   └──────────────────────────────┘
```

图 4-1-2　取得"双师型"教师资格证书的替代路径

图 4-1-1 所示的认证程序主要针对职业技术师范院校毕业生，他们在 4 年大学学习中，已经基本掌握了职业教育教学理论知识和教学能力，专业理论知识较为扎实，基本可以胜任高职院校专业理论课教学工作。但是，如果要成为"双师型"教师，就必须具备一定的实习实践经验，掌握本专业的基本职业技能，并取

得一定等级的职业技能证书,三者缺一不可。而且,由于这类教师普遍缺乏专业技能,在从事教学工作的同时,必须定期或不定期到企业实践锻炼,由企业负责提供与专业对口的工作岗位,不断提高"双师型"教师的职业技能。另外,由于"双师型"教师资格证书具有一定的时效性,在资格证书到期前一个月,教师应向教育主管部门提出复审申请,再次审核其"双师型"教师资格。

图 4-1-2 所示的认证程序主要针对企事业单位技术人才和转行成为职业教育教师的社会人才。他们通常具有丰富的工作经验,是本专业领域的专家能手、技术骨干力量,能够敏锐地抓住本专业前沿动态和最新技术信息,他们欠缺的是教育教学能力,缺乏把专业知识和技能传授给学生的能力。因此,可以通过一定的教师岗前培训和职业教育教学理论知识的学习,加强其教育教学能力,使其掌握基本的教师职业道德和素养,为成为"双师型"教师奠定基础。替代路径的设计目的是让有丰富工作经验且有意投身职教事业的申请者有机会成为"双师型"教师,最大限度地把工作经验丰富的能工巧匠吸引到学校担任教师。

在"双师型"教师资格认定过程中,科学的考核程序与合理的认定标准同等重要。比如,进行专业技能考核时,不能仅仅查验有没有获得等级证书,而应该采用现场鉴定的方式,让教师在规定时间内准确、规范地完成技能项目,以考核申请者的职业技能。

(2)"双师型"教师资格证书的时效性

"双师型"教师资格证书的获取不是一次性的,尤其不是终身的,而是一个逐步递进的过程。没有证书的教师可以先承担专业理论课教学,然后通过一定的课程学习或实践学习取得"双师型"教师资格证书。即使是已经拥有了"双师型"教师资格证书的教师也并非高枕无忧,而是每5年必须更新或维护一次。这种设计既有利于有能力的新教师顺利进入学校任教,又有利于促进在职教师能力的持续发展,从而大大提高了师资队伍质量,是一种非常值得借鉴的教师资格证制度设计。当然,在实践中,该制度必然会遇到许多阻力,但要知道,美国的教师资格证制度也曾经历过从终身制到有效期制的转换,目前还有部分教师持有终身证书,因此我国也可以从新教师开始执行这一制度。从教师长远发展看,"双师型"只是我国职教教师教育发展过程中一个过渡性的必经阶段,而不是职教教师专业化发展的终极目标。到那时,"双师型"教师资格认证的问题也就不复存在了,因为从事职业教育的"双师型"教师自然都应该是具备"双师"素质的教师。

（3）在职教师获取"双师型"教师资格证书的办法

在职教师若要申请"双师型"教师资格证书，需对照资格标准和具体的认证条件，针对自身条件进行分析，符合要求即可申报。所在学校进行初审，将申请者的基本情况在校内公示，无异议后报送上级教育主管部门。主管部门成立专门的"双师型"教师资格认证专家委员会，对申请者各项条件进行考核，包括基本素养、专业能力等多方面的考核，对考核通过的人员进行公示、发证。若申请者不符合相关条件，需经过专项培训或学习，考核合格后才能申请"双师型"教师资格证书。

二、"双师型"教师准入制度构建

（一）准入制度纳入相关法律规范

尽管长期以来，法治并非我国教育治理的主要手段，而主要是依靠会议、政策，但是2016年《依法治教实施纲要（2016—2020年）》（教政法〔2016〕1号）发布以来，我国教育治理方式逐步转向依法治教。"双师型"教师的准入制度作为教育治理内容，纳入相关法律规范是依法治教的应有之义，此处法律规范包括全国人大及其常委会制定的法律和国务院制定的行政法规，按照《中华人民共和国立法法》对于法律效力位阶之规定，单就教育法律体系而言，由全国人大及其常委会制定的法律效力层次较高，其次是国务院制定的行政法规。将"双师型"教师准入制度纳入较高层次的法律规范，有利于践行依法治教的理念，进一步明确"双师型"教师法律身份、权利和义务，增强"双师型"教师规范力度，保证高职教育师资质量。

我国以《中华人民共和国教育法》（以下简称《教育法》）为教育法律体系中的基本法，先后通过《中华人民共和国教师法》（以下简称《教师法》）、《中华人民共和国职业教育法》（以下简称《职业教育法》）、《教师资格条例》等法律规范形成我国高职院校教师准入制度，法律规范中尚未就"双师型"教师准入制度作出明确规定，故可将高职院校"双师型"教师准入制度按照资格标准、认定与聘任等方面纳入相关法律规范，旨在确立高职院校"双师型"教师准入制度，明确各利益相关方的权利、责任，形成完善的"双师型"教师准入体制。

一方面,"双师型"教师应在《教师法》中明确法律身份,并通过《教师资格条例》明确高职院校"双师型"教师资格制度,包括资格条件、考核类型、考评标准、获取路径与主体责任。政府及其相关教育职能部门依"双师型"教师资格制度探索符合地方特色和高职院校发展的"双师型"资格标准。我国当前高职院校"双师型"教师的认定程序缺乏规范性,存在认定标准参差不齐等现状,亟须将"双师型"教师认定制度化。因此,"双师型"资格的认证应在《职业教育法》中明确,尤其是在资格条件、程序与要求方面需要教育主管部门制订相关管理办法。此外,《职业教育法》应对高职教育"双师型"教师认定体制进行必要规定,形成国家层面的宏观认定渠道,结合地方需求,由当地教育主管部门结合实际情况具体落实认定制度。

另一方面,"双师型"教师聘任制度应通过《教育法》和《职业教育法》进行专项规定,《教育法》作为教育法律体系中的基本法不可能面面俱到,但需明确规定高职院校应根据其特点聘任相应类型教师,旨在改变当前职业教育师资队伍结构,提升师资质量。《职业教育法》要明确规定高职院校招聘"双师型"教师应实行符合各类职业教育特色的聘任制度,明确聘任中各主体责任,打通普通高校师资与高职院校师资流通渠道。要使高职院校"双师型"教师聘任制度与保障条件、法律权责等有效衔接,需要从法律层面入手将我国职业教育"双师型"教师准入制度体系化,提升"双师型"教师身份与法律地位,制订能够吸引教师流入高职院校的有效机制。

(二)完善准入制度体系

在法律与行政法规层面的制度设计具有权威性和宏观性,法律制度实践必须依赖于政府及其主管部门,并结合实际需要制订部门规章或地方性规章,完善相关制度。将高职院校"双师型"教师准入制度的建立与实施纳入相关法律规范,形成法律制度以后,建立一套具备职业教育特点的具体的"双师型"教师标准系统来保障"双师型"教师队伍的建设、开发与管理非常重要。鉴于地方性法规或规章具有一定的地域局限性,并非当前"双师型"教师准入制度"落地"之必需,由教育主管部门牵头联合多部门制定《职业院校"双师型"教师管理办法》,并将准入制度中的认证体系、资格考评和聘任程序纳入其中,从而形成较为完善的"双师型"教师准入制度体系是可行之策。

1. 认证体系标准化

认证标准是判断教师是否满足进入"双师型"教师队伍行列的条件的参照体系，是"双师型"教师准入法律制度的重要组成部分。当下我国大部分高职院校教师并非直接以"双师型"教师身份作为中职教师的职业起点成长起来的，而是以职教师资转型、培训晋升、人才引进等途径进入高职院校"双师型"教师队伍的，故作为一种参考标准既要具备普遍性，同时也要关注其特殊性，方可形成具有参考价值又有可操作性的认定体系。我国地方认定标准与院校个别认定标准是我国高职院校"双师型"教师认定标准的主要依据，在国家层面具有职业教育特点的"双师型"教师认定标准尚未形成。因此，《职业院校"双师型"教师管理办法》的制定要在政府统筹下进行，包括统一认定原则、基本条件、认定程序、认定主体及职责等，地方可结合地域性特点和该认证标准具体制定必要的特殊细则，形成政府及主管部门统筹规划的、地方具体负责定细调微的、符合高职院校特点的"双师型"教师认定标准体系。

2. 资格考评标准化

随着我国《教育法》《教师法》《教师资格条例》和相应配套的系列部门规章的出台与修订，我国高职院校普通教师资格制度趋于完善。"双师型"教师在高职院校中区别于普通教师群体，其特殊的身份决定了其考核标准必须具有针对性。除了需要在国家统一考试中合格并获取普通教师资格，还需要进行职业技能、专业技术等资格考评，此类考评机制应该被纳入《职业学校"双师型"教师管理办法》的考核与评价部分，包括参评条件、考评程序、考评主体等，尤其是考评主体责任和考评标准必须符合高职院校教师实践特点，形成"双师型"教师资格考评"普考"与"特考"并举。"普考"标准主要是指普通教师资格证统一考试的具体标准，"特考"标准主要是指专门职业需要的技术、技能资格的标准，注重实践操作能力。参照《职业学校"双师型"教师管理办法》实行考核制，通过"普考"与"特考"后方可认定具备高职院校"双师型"教师资格。

3. 聘用程序标准化

目前，高职院校教师聘用制度不规范，实践中有大批高职院校教师本身不具备普通教师资格条件，因具备一定的职业技能被聘用为教师，他们因有一定技术、技能，教授课程涉及理论化程度不高，被认为不需要进行自我培养转型为"双师型"教师,而本身就具备双师能力。《职业院校"双师型"教师管理办法》应明确规定高职院校专职、兼职教师比例,畅通"双师型"教师发展渠道,强化"校本"培养模式的主导作用;建立学校管理组织和专门委员会,学校统筹规划各类岗位需求,管理组织负责组织招聘,受聘人员按照岗位类型提出申请,管理组织依法依规进行资格审查和组织考评,具体考评工作由专门委员会负责,确定名单,供校长参考。审考分离与负责分层相结合,规范聘任程序,受聘者可由校内不同渠道向"双师型"教师转型。

(三)构建准入制度监管机制

监管是相关制度运行的重要保障,维护一套完善的制度体系运行离不开相应的监管举措。"双师型"教师比例是职教师资质量的重要衡量标准,管控师资来源质量是师资队伍建设的有效路径,在完善"双师型"教师准入制度的基础上,构建高职院校"双师型"教师准入制度与监管机制,是加强高职院校师资队伍建设的有效路径。

第一,以完善权力清单制度明确政府主管部门的职能。党的十八届三中全会提出建立政府权力清单制度,强化政府服务职能。与高校相比,高职院校对政府及相关职能部门的依赖程度更高,除了配置完善的"双师型"教师准入制度外,相关教育部门也需要承担督导、管理的职能,调控高职院校、社会行业等在"双师型"教师资格认定、聘任制度实践过程中的职责,县(市)及以上地方政府主管部门作为高职院校的直接监管主体,建立符合区域内高职院校发展的责任清单,形成对接的权责清单,形成监管有依据、执行有力度、过失有问责的监管主体,在各监管主体之间设置透明、公开的权责清单,围绕具体的权利、责任实行准确有效的监管,保证高职院校"双师型"教师准入制度有效运行。

第二,以健全法律制度规范利益相关方的法律责任。高职院校"双师型"教师管理的利益相关方主要包括政府主管部门、高职院校、教师或社会行业等,趋利导向易在实践中造成各方的权利失衡,通过《教育法》《职业教育法》《教师法》等法律与《教师资格条例》行政法规,明确高职院校"双师型"教师准入制度中各利益相关方的法律责任,是有效监管各利益相关方的法治手段。因1993年颁布的《教师法》(2009年仅作细微修订)、1995年出台的《教师资格条例》以及1996年颁布的《职业教育法》时间相对较早,当时职业教育师资诉求主要不在"双师型"教师队伍建设方面,所以很难从法律条文中探寻到相关法律责任之规定。此外,《职业教育法》中并没有呈现专门法律责任的内容,致使职业教育领域多方面责任主体不清。可利用这几部法律完善"双师型"教师准入法律制度利益相关方的法律责任,凭借法治工具引导各主体践行制度,能有效提升监管效度,维系"双师型"教师准入制度稳定运行。

第三,以优化监管程序推动治理效能。优化监管程序是教育治理活动中的有效措施。十九大报告强调要"深化简政放权和创新监管方式",在此服务型政府建设背景下,学校有了更多的自主权、自治权,充分提高了教育治理效率,但同时必须注重监管方式的创新,缺少优质的监管方式难免会造成学校权力泛滥,故探索有效的监管方式便成了监管机制的重要内容。面对学校治理中依然存在的程序烦琐、程序紊乱、监管错位、漏监散管等乱象,亟须优化政府主管部门、社会以及学校内部的监管模式,推动学校内部分层管理体制,政府、社会与学校分类督导体系建设。在高职院校"双师型"教师准入法律制度实践过程中,应建立由政府主管部门、社会组织和相关学校代表组成的督导委员会,学校内部设置教师准入管理部门,负责日常"双师型"教师队伍建设管理工作,对学校负责,受学校监督,学校对督导委员会负责,受督导委员会监督,采取点点对接、线性管理模式,必要时实行交叉监管举措。制订资格认证与聘任单项监管程序,仅作为内部特殊安排,仍在管理部门和督导委员会的管理和督导下运行。强化监管依据,创新监管机制,保障高职院校"双师型"教师准入制度实践的有效推进,推动"双师型"教师队伍建设,优化师资质量。

第二节 "双师型"教师培养培训制度

近年来,我国许多高职院校都在探索"双师型"师资队伍建设问题。尽管如此,"双师型"教师的数量短缺和质量不达标依然是"双师型"教师培训过程中所面对的核心难题。在目前的形势下,要解决好这一问题,必须加强"双师型"教师培养培训制度建设,这不仅是评估我国职业教育质量和教师团队能力的核心指标,也是决定职业教育是否能够展现其独特性和持续发展的关键要素。

一、"双师型"教师培养培训政策制度构建

在职业教育中，政府和教育行政部门扮演着"双师型"教师培训制度的构建者和推进者的角色，他们对高职院校的"双师型"教师团队建设进行管理和指导。高等职业学校应通过加大财政投入、改革人才培养模式、创新教学方法与手段来落实好这项工作。政府一方面需要加强对职业教育的关注，并为职业教育教师的培训和培养提供相应的政策和资金援助；同时，还要完善相关法律法规，制订"双师型"教师培养培训制度，为"双师型"教师培养培训提供有力保障。

（一）尽快出台《职业教育教师法》

从发达国家的职业教育师资队伍建设经验来看，制定专门的教师法是确保职业教育师资具有高素质和高水平的关键因素。1999年，日本政府发布了《雇佣—能力开发机构法》，其中明确了建立专业的职业教育师资培训中心的重要性。德国作为职业教育的领军者，在《职业训练法》和《联邦职业教育保障法》中已经对职业教育的师资进行了明确的规定。以法律保障和政策支持为主线构建出一套完整而系统的体系，是各国职业教育师资队伍建设所共同遵循的重要原则。我国已经颁布了专为职业教育制定的《职业教育法》，从法律角度来看，我国已初步形成了一套完整的职业教育体系和政策框架。但目前还没有专为职业教育教师制定的法律或法规。《教师法》虽具有广泛的适用性，但对于那些具有明确特点并与社会进步紧密相连的职业教育教师来说，可能并不是最佳选择。在我国职业教育师资缺乏的背景下，职业教育教师面临着巨大压力和挑战。因此，迫切需要制定专为职业教育教师设计的《职业教育教师法》。

1. 制订具有特色的"双师型"教师标准

在借鉴国外教师标准相关理论研究成果的基础上，笔者对高职院校实施"双师"教师标准提出了以下建议。

（1）对于学历和资历的要求

在德国的"双元制"体系中，从事职业教育的全职教师不仅需要获得博士学位，还必须具备不少于5年的企业专业实践经验。在美国，社区学院的教师被要求拥有硕士学位，并且必须拥有3年的实际工作经验。日本规定，职业学校的专业课程教师必须有硕士学位，并且必须在各类学校、研究机构和工厂从事与课程

内容或研究、技术相关的工作。我国现阶段"双师型"教师之间的学历差异显著主要是由于职业教育起步时间较晚，教师学历范围从中专到博士不等。《职业教育教师法》应当明确规定，"双师型"教师不仅要具有相应职业资格，还需要拥有相关领域的学士学位，具备3年或更长时间的相关专业实践经验。学校及用人单位应根据具体的实际情况对"双师型"教师的任职资格和综合素质慎重甄别，还需注重考核方式方法的科学性，以保证考试结果的公正合理。

（2）明确"双师型"教师的品德和技能要求

在教学实践中，要根据不同层次、类型的学生特点，选择合适的教学方法，因材施教。在现代教育体系中，教师的角色不仅局限于传授知识、教授技能和解决疑惑，他们的行为和言辞也成了学生模仿的对象，对于学生个性的塑造具有至关重要的影响。教师只有以自己崇高的道德规范来教育、影响学生，才能使他们成为具有较高道德素养的合格人才。因此，作为教师，他们不仅需要拥有高尚的职业道德和良好的行为态度，还必须具备深厚的职业修为和对教育的无尽热忱。在评估"双师型"教师的技能需求时，应采用一个可量化的评估标准，这涉及教师所持有的相关专业的职业资格证书的状况。尽管我国的职业资格证书制度还存在一些不足，但它已经足够明确地展示持证者是否拥有相应技能的职业资格。因此，"双师型"教师应该具备至少1个相关专业的职业资格证书。

（3）对"双师型"教师知识技能的更新能力和教学管理能力的要求

"双师型"教师需要拥有敏锐的嗅觉，能够迅速掌握专业领域的最新技术和工艺，并对企业的生产管理有深入的了解，应在学校和用人单位之间进行有效的沟通，进而为社会经济的发展做贡献。"双师型"教师并不完全是师范类学校的毕业生，部分"双师型"教师实际上并未真正学习过与职业教育相关的教学理论和实践方法。另外，"双师型"教师的素质是由多方面因素决定的。

2022年10月25日，教育部办公厅发布了《教育部办公厅关于做好职业教育"双师型"教师认定工作的通知》（教师厅〔2022〕2号），指出职业教育"双师型"教师的认定工作要明确认定范围、严格标准要求、加强组织实施、强化监督评价、促进持续发展、注重作用发挥，并随文发布了《职业教育"双师型"教师基本标准（试行）》，我国应在此基础上对职业教育"双师型"教师标准进行进一步的发展和完善，生成《职业教育教师法》。

2. 明确"双师型"教师教育标准

"双师型"教师专业素质的养成，并不是一朝一夕就能完成的，需要经历养成的过程和专门的教育。《职业教育教师法》应明确"双师型"教师的教育标准，应尽快制订与"双师型"教师培训需求相匹配的标准，从培养计划和课程内容出发，建立一支高素质、高水平、结构合理的教师队伍是实施职业教育改革、提高教学质量、促进学生就业和社会发展的基础保障。在职业教育师资的培养过程中，发达国家高度重视各种教育课程，还提供了师范实习的准备培训、实习后的培训，这都加深了职业教育教师对职业技术教育和职业领域的理解和认识。

目前，我国颁布并执行的《教师教育标准》更多地关注普通中小学教师的需求。作为国民教育体系的核心部分，职业教育的教师教育标准也应受到足够的重视，需要尽快明确教师的专业标准、课程标准和评价标准，逐步构建"双师型"教师教育的标准体系，并研究、制订和完善"双师型"教师的资格标准。同时，通过制定相应政策来规范教师培训工作，以提高教师教学水平和保障教师队伍建设与发展，实现国家教育目标。2004年12月，德国的文化教育部长会议正式向大众发表了具有全联邦性质的《教师教育标准》。该标准清晰地指出，教师的专业成长需要掌握三大领域的知识，分别是理论、职业和教学行为的知识。考虑到我国职业教育的独特性，"双师型"教师不仅需要掌握前述的三种专业知识，还必须拥有一定的专业技术，并具备"口头表达和实际操作"的能力。在教学技能方面，教师应当精心构建专业的理论框架和实践教学方法。"双师型"教师应该具备良好的专业知识、较强的职业技能、较高的综合素质以及相应的职业道德素养。如果"双师型"教师是师范类大学的毕业生，他们应该对相关的职业教育理论有深入的了解，明确教学与职业教育的理论目标，理解各种不同的教学策略和任务。此外，他们还需要通过精心设计的学习情境来激发学生的学习兴趣，将学生被动的学习态度转变为主动的探索，帮助学生理解所学内容的内在联系，并合理地应用所学的知识和技能。为了满足这种能力需求，"双师型"教师应当高度重视实践学习环节，充分运用现代教学媒体和技术来开展职业教育教学，注意培养其职业技能，提高他们分析问题、解决问题的实际动手操作能力，以适应社会发展和经济建设的需要。

（二）完善高职院校教师企业实践政策制度

1. 我国高职院校教师企业实践政策制度的发展

基于高职院校教师企业实践的重要性，世界上职业教育发达的国家均高度重视高职院校教师企业实践制度的建设工作，使其充分发挥了保障职业教育质量的基础性作用。改革开放以后，随着我国职业教育的快速发展，党中央、国务院也开始高度关注高职院校教师队伍的建设问题，有序推进了我国高职院校教师企业实践制度的建设进程。各级政府及各级各类高职院校也积极响应党中央、国务院系列部署，在高职院校教师企业实践制度建设方面开展了大量的、卓有成效的工作，获得了明显的效果。

（1）国家法律法规层面

20世纪90年代以来，我国职业教育教师企业实践制度建设逐步由中职扩展到高职，最终走向统一。

1997年，在原国家教委颁布的《关于加强中等职业学校教师队伍建设的意见》（教职〔1997〕8号）中首次提出要逐步建立教师到对口企事业单位定期实习的制度，标志着我国职教教师企业实践制度开始萌芽。但地方教育部门在职业教育教师到企业实践（实习）方面没有明确和具体的规定，他们主要是通过建立和利用职业教育师资培训基地和相关企事业单位，为教师提供各种形式的专业实习和技能训练机会。

2001年，教育部选定了上海宝钢集团公司、海尔集团等6家单位作为首批全国职业教育师资专业技能培训的示范单位。同年，教育部决定逐渐实施教师到相应的企事业单位进行定期实习的政策，目的是强化"双师型"教师团队的建设。2004年，在教育部等七部门颁发的《关于进一步加强职业教育工作的若干意见》（教职成〔2004〕12号）中首次清晰地提出了建立"教师企业实践制度"的建议。这一规定不仅强调了需要建立"教师企业实践制度"，还明确了专业教师每两年至少需要有两个月的时间在企业或生产服务前线进行实践活动，其他的教师和管理人员也应定期开展这样的基本内容。随着时间的推移，职业学校教师在企业实践制度的建设逐渐变得更加丰富，强调了企业的职责和义务，并对教师在企业中的实践活动给予了更多的管理关注。2005年，《国务院关于大力发展职业教育的决定》（国发〔2005〕35号）被颁布实施，各省级人民政府被要求"实施职业教育教师到企业的实践制度",再次强调专业教师每两年应有两个月的时间到企业前线进行实践,并明确指出企业有义务接纳教师进行实践。2006年,教育部又发布《关于全面提高高等职业教育教学质量的若干意见》(教高〔2006〕16号),要求提高高职专业教师中有企业工作背景的教师的比例,鼓励高职教师在企业中进行实际工作。并建立校企合作办学机制,以促进学校和行业企业之间的良性互动。到目前为止,尽管职业学校教师的企业实践制度的核心内容已经基本确立,但在执行过程中,相关企业的参与度并不高,对于教师企业实践的管理还没有明确的规定,导致制度的执行受到了阻碍。同时,由于受经济利益等因素影响,部分企业不愿意主动承担相应的培训费用或提供服务,致使职校教师企业实践性学习无法开展。因此,在职业学校教师的企业实践制度建设中,一方面要强调企业所承担的责任和义务;同时注重发挥政府和社会组织等各方面力量的作用,使之成为推动教师企业实践活动顺利开展的重要保障。从另一个角度看,为了加强对教师在企业实践中的管理,已经陆续发布了相关的规定,并开始关注教师在企业实践中的实际效果,这标志着教师企业实践制度的建设正逐渐走向完善。2008年,教育部进一步提议通过深化学校与企业的合作关系,最大化地利用企业的资源优势来鼓励教师更深入地参与生产实践,从而提升他们的实践教学技能。

在2010年颁布的《国家中长期教育改革和发展规划纲要(2010—2020年)》中,特别强调建议企业积极接纳教师进行实践,并与相关的大型和中型企业以及高等教育机构合作,共同建立"双师型"教师培训中心,从而进一步完善教师定期到企业进行实践的机制。同年,教育部、财政部在《关于进一步推进"国家示范性高等职业院校建设计划"实施工作的通知》(教高〔2010〕8号)中,首次明确提出教师与企业保持紧密联系的重要性,并鼓励教师积极为企业和社会提供服务,进行技术研究和开发,推动科技成果的实际应用,从而达到双方都受益的目标。教师在企业中的实践经验被视为教师团队建设和评估的核心部分,这包括将在企业的经验和实践训练纳入评估中,并确保为教师在企业中的实践活动提供足够的校企合作资金,这样做的目的是增强教师参与企业实践的热情和为企业提供服务的能力。

2011年11月,教育部、财政部联合发布了《关于实施职业院校教师素质提高计划的意见》(以下简称《意见》)。《意见》强调要大幅度提高高职院校的教师队伍建设水平，需以建设高素质专业化"双师型"教师队伍为目标，以深化校企合作、提高培训质量为着力点，制订了 2011—2015 年职教教师参与国培、省培以及到企业实践的目标任务，包括组织 45 万名职业院校专业骨干教师参加培训。2013 年，教育部、财政部发布了《职业院校教师素质提高计划高等职业学校专业骨干教师培训项目管理办法》，为了完善我国职业院校教师到企业的实践工作，对实践内容和形式的选择以及经费支持等多个方面进行了详尽的规定。2014 年，《国务院关于加快发展现代职业教育的决定》明确提出，"建设'双师型'教师队伍，实行五年一周期的教师培训制度，落实建设企业实践制度"[①]。

2016 年，教育部等七部门印发《职业学校教师企业实践规定》（以下简称《规定》），共 6 章 28 条，成为国家建立职业学校教师企业实践制度的标志。《规定》明确指出，教师在过去的 5 年中，至少需要在企业或生产服务前线进行 6 个月的实践活动。这一规定与教师的继续教育学习制度相呼应，并与国际上的主流实践方法相一致。《规定》还强调了企业要在培训期间为教师提供必要的物质保障和政策支持。《规定》明确表示，企业和学校需要根据教学实践中遇到的具体问题，结合教师的专业能力来制订相应的实践计划。从理论层面上阐述了教师企业实践是一种新型教学范式，是对传统课堂教学改革的补充与完善。为了解决过去教师在企业实践中的盲目和形式主义问题，特别强调了企业与学校共同制订方案的原则，这与职业教育中"产教融合、校企合作"的人才培养模式的核心理念是一致的。《规定》考虑到教师企业实践涉及多个利益相关部门的实际情况，强调了建立包括教育、财政、工信等多个部门的协同合作机制和部门联席会议制度，明确了各级政府在教师企业实践中的职责，并提出了统筹协调推进教师企业实践工作的建议。这一组织结构突显了职业教育的跨领域特性，与职业教育中的多元主体参与和协同管理相契合。它打破了过去教育部独自主导的模式，有助于激发各利益相关方的参与热情，减少部门间的争执和不作为，确保教师在企业实践中的人力、资金和物资等方面得到有序的保障。此外，为了保证企业能够有效地落实教师企业实践，政府出台了相应的法规政策。《规定》还特别强调了一系列的保障措施，这些制度既体现了国家对职教改革发展的重视与支持，又具有一定的创新性，值得学习借鉴。

---

① 国务院. 国务院关于加快发展现代职业教育的决定 [EB/OL]. [2014-06-22][2023-10-02]. https://www.gov.cn/zhengce/content/2014-06/22/content_8901.htm.

2017年，由国务院办公厅发布的《关于深化产教融合的若干意见》（以下简称《意见》）强调了加强产教融合师资队伍的建设，并鼓励职业学校、应用型本科高校与大中型企业合作，共同建立"双师型"教师培训基地。同时强调要加大对行业企业参与职业院校人才培养工作的经费投入力度。对职业学校和高等教育机构的教师实践假期制度进行完善，并鼓励在职教师定期前往企业进行实践和锻炼。鼓励地方政府制定并出台政策，为职业院校开展校企深度合作提供经费保障。

在2018年，教育部连同其他五个部门发布了《职业学校校企合作促进办法》（以下简称《办法》），其中第二十五条明确指出，只要得到所在学校或企业的同意，职业学校的教师和管理人员、企业的经营管理人员以及技术人员可以根据合作协议，在企业或职业学校进行兼职工作，并根据相关规定和双方的约定来确定他们的薪资。同时对企业参与职业学校教师实践活动给予适当补助。在2019年发布的《国家职业教育改革实施方案》中，明确强调了需要采取多种措施来培养"双师型"教师团队，执行职业院校教师素质提升计划，并建立100个专门用于"双师型"教师培训的基地。同时，职业院校和应用型本科高校的教师每年至少需要在企业或实训基地进行1个月的实训，且进行每5年为一周期的全员轮训。

（2）省（市）级政策规定层面

在国务院与六部委联合发布了关于职业院校教师企业实践的指导性文件之后，各级地方政府在国家大政方针的指导下，纷纷制订了与地方实际情况相符的详细规章制度，并将其下发至下级各部门。这些规章制度明确了高职院校教师到企业实践的目的和意义。

①东部地区。随着社会经济的快速发展以及新时期对高素质技术技能型人才需求的不断增长，为了加速上海现代职业教育的改革发展，上海市教育委员会与七个相关部门联合编制了一份《上海现代职业教育体系建设规划（2015—2030年）》文件。其中明确指出要建立"校中厂"等多种人才培养模式，构建产教融合、工学结合的新体制机制。通过制度化的方式，确保了上海市职业教育师资的持续发展，并明确规定上海市高等职业学院的教师培训为每五年进行一次。要求职业教育采用全员培训的模式，并根据教师的发展状况，有针对性地制订培训计划。要求全职教师在规定的时间内满足"双师型"教师的标准，并依托高技能人才培训中心和行业企业，新建30个教师企业实践基地。建立校企合作长效机制，

引导职业院校与社会力量共同建设实训中心，为学生提供实习场所和条件，使其成为校内生产性学习活动的主体，从而实现理论联系实际的教学目标。

广东省教育厅按照教育部的指导方针，以提升广东省职业学校年轻教师的职业素质为目的，要求年轻教师参与企业的实践活动，并明确了企业和教师的具体名额。在该计划正式执行后的6个月时间里，会为教师安排脱产实践培训，对所有参训教师要给予必要的物质保障。参加青年教师企业实践培训的教师，首先要是与其专业领域相匹配的专业课教师，具有一定实践经验和教学能力，或者是在学校中负责为学生提供实习和实训指导的教师；其次，年龄不超过35周岁，具有出色的思想和道德品质，并且身体状况良好、没有严重的疾病。关于中央的补助资金，必须经过省财政厅的核查，并将其拨付给企业实践教师所在的职业学院。

②中部地区。湖南省在2012年才开始筹划建立职业院校教师企业实践制度，初步确定了以下方针：根据国家的规定，在企业实践人员的组织和时间安排方面进行要求，无论是专业教师、教育管理人员还是公共课教师，都必须每两年进行两个月的实践锻炼。在选拔中职教师的过程中，必须确保他们的专业背景与要求相匹配，并在具有本科学历的前提下，获得"专业技能教学水平合格证书"。在学校管理方面要求实行全员聘任制、双向选择制等管理制度。在选拔高职教师的过程中，规定新入职的专业教师必须具备与其专业相匹配的本科或更高学历，并持有"专业技能教学水平合格证书"。湖南省准备建立教师企业实践的配套制度，并在人事分配制度的改革方面进行创新。在师资管理方面实行职前、职后一体化教育模式，加强教师队伍建设。在组织职业院校教师进行企业实践锻炼的基础上，对教师进行培训，从而为职业院校教师的教学能力和实践能力的提升奠定坚实的基础。

2005年8月，安徽省黄山市发布了《黄山市职业学校教师定期实践调研的暂行规定》。黄山市教育局根据实际情况，发布了相应的实施办法。这不仅鼓励了中职学校的教师积极地到企业进行实践调研，也为实践调研活动的进行提供了便利。

③华北地区。内蒙古自治区发布了《内蒙古自治区职业院校管理水平提升行动计划实施方案（2016—2018年）》。该方案明确指出，在制订职业院校专业教师以及各级各类管理人员的培训计划时，必须严格遵循科学性的原则。同时，还要注重对教师队伍建设问题的研究与解决。高职院校管理干部主要是担任教学管理

工作，管理团队成员不仅要参与学校组织的各种培训项目，还需定期前往企业进行挂职实践，专业课程的教师除此之外还需在企业中兼职进行实际操作和锻炼。为了提升教师的"双师型"素质，并培育一批将理论知识与实际操作相融合的高质量教师团队，鼓励大中型企业与职业教育机构建立合作伙伴关系，成立专门的培训基地。为促进职业院校师资队伍建设，必须从提高教师自身素质入手，注重对教师队伍的科学管理，建立健全相应制度。

（3）学校制度层面

各职业院校以各级政府颁布的指导性意见为依据，通过总结过去的经验，制订了一系列符合本校实际情况的教师企业实践制度。

以河北省秦皇岛市的一所高等职业学校为研究对象，该校高度注重教师培训，因此制订了《教职工进修培训管理暂行办法》。基于每年年初的培训需求调查，学校还制订了年度师资培训计划，并在当年的财务预算中专门列出了培训经费项目。同时对全体在职教师进行岗前培训，使其具备相关岗位所需的专业技能和职业道德知识。为了提高教师在德育、教学和实训指导等多方面的综合职业能力，学校更加强调专业实践培训的模式。同时，还采取"校企联合"方式开展师资队伍建设，将本校各专业教师纳入相关行业或单位进行岗位轮训和岗位培训。

实践对象：针对全校的全职教师和行政工作人员，规定男性年龄不得超过50岁，女性年龄不得超过45岁，并要求他们按照既定计划参与企业的培训课程。

实践企业：与学校签订师资培训基地协议的企业；接收学生"校企合作课题实训"的协议企业；各专业自行接洽的经学校批准的合作企业。

实践方式及工作流程：与校企合作项目实训紧密结合；通过与企业的实际操作相结合，完成教师在企业中的轮训课题。

对教师进行定性或量化考核：当教师返回学校后，他们需要提交其课题研究成果，然后由学校的教务处和其他相关部门对课题的完成情况进行全面的验收评价。根据考核成绩确定教师职称并享受相应奖励政策。

实践相关待遇：按照学校《关于"工学结合课题实训"改革中管理教师待遇的通知》文件规定执行。

在确保教学活动有序进行的基础上，该校每年都会按照预定的计划，派遣年轻和中年教师携带课题进入合作企业进行至少一个月的固定岗位培训和课题研究，同时坚持将企业培训与学校教育相融合；积极与有关院校签订长期合同，保证每年有一定数量的中专生参加校企合作项目；邀请企业和职业教育的专家，进行全体员工的校内培训；成立由企业的工程技术团队、人力资源部门和管理团队组成的专业开发指导委员会；在寒暑假期间，为所有教师提供关于企业哲学和行业知识的培训；派遣杰出的教师参与国内外的专业技能提升研修学习；聘请专家定期到校办产业公司和实习基地就技术问题进行会诊或现场指导；为了激励专业带头人在聘期内更加主动和积极地投入工作，同时实施了奖惩制度、"双师型"教师和学科骨干岗位管理制度。

以天津市的一所高等职业院校为研究对象，该校制订了一套教师参与企业实践的管理方法，把学校师资力量中具有较高专业知识水平、丰富实践经验和良好职业道德素养的优秀人员吸引到企业工作中来，形成一支素质优良、结构合理、充满活力、相对稳定的"双师型"队伍。对于实践对象、实践内容、实践要求、实践管理、实践待遇以及组织实施这6个方面，都进行了详尽的规定。

实践对象：要求是承担二级学院（直属系、部）公共外语、计算机基础教学、专业基础课、专业课教学任务的全体专任教师和本校兼课教师。

实践内容：实践教学内容应被划分为三个不同的层次，分别针对初级职称教师、中级职称教师以及副高级职称教师。在课程设置方面，根据不同层次专业技术人才培养目标，对于那些持有初级职称（含未评聘）的教师，要求他们能深入了解生产线的工作流程和产业的发展方向，同时，他们也需要了解企业当前对技术人才的需求和培训标准，学习最新的专业技能，并进行详细的记录，提交不少于5 000字的调查研究报告，并提供至少3个教学案例作为参考；对于持有中级职称的教师，他们需要对相关企业的职位需求有深入的了解，熟悉企业当前对技术人才的需求和培训标准，掌握最新的专业技术并进行详尽的记录，最后编写不少于8 000字的研究报告，并提供5个或更多的教学实例；对于拥有副高职称的教师，除了明确企业当前对技术人才的需求和培训标准外，他们还需要掌握最新的专业技术，并有针对性地撰写教学指导书或进行课程改革，同时编写5个实践项目的教学案例。

实践要求：各个二级学院（直属系）应当灵活合理地规划时间，统筹安排教师参与企业实践活动，以确保教师授课专业与实践工作之间的一致性。学校应加大对实习单位的管理力度，建立合理有效的评价机制，鼓励学生参与到生产实践中去。教师在完成指定的教学任务后，应根据本专业的教学要求和特点，按照二级学院（直属系）的整体安排，前往相应的企业工作岗位进行研修和实践锻炼，从而获得企业工作经验和提高动手操作能力，了解本专业的最新发展动态。同时加强对学生实习效果的评价和考核。公共课程的教师在企业实践中应遵循校内与校外结合的策略，根据任务的不同，也可以更多地关注校内的培训和实际训练，并确保参与学院组织的相关专业知识培训。

实践管理：各个二级学院（直属系）负责管理本部门教师在企业实践期间的日常事务，指派专门的人员来进行监督和检查。在学生进入实习单位之前，教师首先对他们进行思想政治教育和职业道德教育，然后再与企业签订劳动合同并履行相关义务，最后完成毕业前培训。在教学实践中，教师需要对自己严格要求，确保有明确的计划、任务和总结，同时也要遵循国家的法律和法规，并严格遵循学校的相关制度和纪律。强调教师在企业实践中应注重实际效果，并通过记学分的方法进行管理，每两篇实践工作日记对应一个学分。教师通过实践学习掌握基本理论知识与技能技巧，提升自身综合素质能力，提高职业道德水平。

实践待遇：获得企业实践锻炼资格的教师，在完成学年的基准教学任务后，每日可以获得50元的餐饮补助。对于那些将企业实践时间都安排在工作日内的教师，他们可以继续获得在岗教师的交通补贴。寒暑假期间按照实际实践天数，每天为安排了实践活动的教师发放18元的交通补贴或报销往返路费。对于实际操作地点位于其他地方的单位，其往返路费和相关补贴的报销方式将根据财务审计处的相关规定来执行，而不会再获得其他形式的补贴。二级学院（直属系）、教务处等相关部门将对企业实践中的教师进行监督性的抽查，不在岗的教师将被扣除当月院津贴的50%；对于不在岗两次的人员，将扣除一个月的院津贴；三次或更多次不在岗的人员，将被认为是考核未达标。只有在企业和二级学院（直属系）参考学院的相关条例并同意后，教师的请假请求才会正式生效。

组织实施：首先，各个二级学院（直属系）需要根据学院"双师型"教师队伍建设的实施建议，以及本部门员工的具体状况，来制订每年的教师企业实践计划，并将其提交给人力资源处和教务处进行备案。学校对执行结果进行评估和总结，并将成绩作为奖惩依据之一。接下来，根据各个部门的特定职责，教务处负责统筹和协调各个二级学院（直属系）来制订每年的工作计划，并对教师在企业中的实践活动进行整体规划。教务处主要负责对日常管理活动进行监督，并确保各项工作得以有效执行；继续教育学院（也称为校企合作办公室）主要承担与教师企业实践相关的基地布置工作。每个学期结束时，教务处会根据各二级学院（直属系）的计划，组织下学期计划安排到企业实践的教师填写企业实践审批表，然后报给学院领导审批，最后备案。每个学校每年都会有一个由分管院长和相关职能部门负责人组成的检查组对参与企业实践的教师进行检查。在最终的评估和总结中，人力资源部门每个学年都会组织参与企业实践的教师来报告他们在企业实践中的表现，分享他们的学习成果，并使用教师参与企业实践的评估表来衡量其实践的成果。同时，学校还定期向学院提出关于开展教师企业实践活动的意见和建议，并及时反馈给相关职能部门及人员。每年的 11 月，学院的人力资源部门会组织人员对教师在企业中的实践材料进行审核，一旦材料满足既定的标准，便会授予教师企业实践的证书。如果在聘期结束后没有获得相应的合格证书，那么将被视为在当前的聘期考核中不合格，并在下一个聘期内被降低一个职位级别进行聘用（如果在一个聘期内服务不足 3 年，将根据任职时间进行学分折算，并发放合格证书）。

2. 我国高职院校教师企业实践政策制度改进思路

（1）加强顶层制度建设

"双师型"是我国当前和今后相当长一段时间内高技能型人才培养的方向。必须坚定地以习近平新时代中国特色社会主义思想为行动指南，确保高职院校教师在企业中的实践制度得到良好的构建和执行，强化政治意识和大局观，把坚定正确办学方向作为根本遵循。其中涵盖了习近平总书记关于治理国家和管理政策的观点，以及关于职业教育方面的重要指导方针。2019 年 7 月 24 日，习近平总书记主持召开中央全面深化改革委员会第九次会议并发表重要讲话，强调"深化产教融合，是推动教育优先发展、人才引领发展、产业创新发展的战略性举措。要坚持问题导向，试点先行，充分发挥城市承载、行业聚合、企业主体作用，尊重教育规律和经济规律，发挥市场配置资源决定性作用和政府统筹推动作用，统筹部署、协调推进"[①]。

---

① 新华社. 习近平主持召开中央全面深化改革委员会第九次会议 [EB/OL]. [2019-07-24][2023-10-20].https://www.gov.cn/xinwen/2019/07/24/content_5414669.htm.

要将"部门制度"提升为"国家制度",并将职业教育的发展需求与国家的整体发展需求相结合。现行的《职业学校教师企业实践规定》是由教育部以及其他七个部门共同推出的"部门制度",从法律上看,应该将其上升为法律法规。在地方级别上,现阶段政府应当发布并执行《职业学校教师企业实践规定》的执行建议。同时,在某一特定区域内,各个不同的部门以及同一部门先后发布的相关政策文件,在规定和要求方面应避免产生冲突。因此,要使政策真正得到落实,必须从源头抓起,加强顶层设计。

(2)寻找制度完善的抓手

首先,需要建立一个督查机制,以增强该制度的强制执行力。《职业学校教师企业实践规定》由于缺乏有效的督查机制,该规定基本上是在自我推动下实施的,因此其"强制性"相对较弱。教育部应当与其他联合发布文件的部门合作,建立一个针对省级相关部门的监督和管理机制,特别关注省级层面的整体规划、管理方法、基地建设、保障措施、奖励制度以及组织执行等方面。为了适应这种情况,省级的督查和监控将针对地市层面的相关部门、高职及以上的院校和企业进行,而地市层面的督查则将针对中职学校和企业进行。

其次,需要进一步完善相关的支持政策,以增强制度的激励作用。建议省级的教育管理部门对20%的高职教师和10%的中职教师的企业实践承担责任,而企业的运营应由省级的行业管理部门来管理,相关的经费则由省级的财政部门来承担。学校参与指导和管理,在校内设立实习基地并提供相应的实训设备及相关服务,同时对学生进行技能培训与考核。地市级的教育管理部门负责管理20%的中职教师在企业中的实践活动,而企业的运营则由地市级的行业管理部门负责,其运营经费由地市级的财政部门承担。剩下的教师在企业中的实践经费,完全由学院独立承担。对于在工作中表现出色的省级教育管理部门,教育部在规划其他职业教育的改革和发展项目时,会给予特别的支持;对于承担试点任务较多的地市教育主管部门和高等职业学校,中央财政给予一定补助资金;对于表现出色的地市级教育管理部门、高等职业学院以及省级教育机构,在规划其他职业教育的改革和发展项目时,都会给予特殊的支持;对于工作开展得不好的学校,要加大政策扶持力度。

(3) 从实际出发改进各层级制度

不同的地区、不同的院校在"双师型"教师企业实践制度方面有不同的问题。比如，柳州职业技术学院陈颖等人2019年7月发表的《基于"双师型"教师认定的教师企业实践探析》中指出，"学校缺乏长效激励机制，教师内动力不足，校企沟通不畅等均为制约教师企业实践的主要原因"[①]。甘肃钢铁职业技术学院张宝华2019年6月发表的《高职院校专业教师企业实践面临的问题及思考》中指出，大部分高职院校专业教师企业实践面临"校企合作有待进一步深入""企业与学校各部门之间的沟通协调有待进一步提高""校企合作考核指标和奖惩措施及相关的保障措施有待进一步完善"[②]等问题。河北化工医药职业技术学院刘海妹2019年5月发表的《职业院校青年教师企业实践成效的提升策略》，从多个角度提出了一系列的策略建议。

高职院校中"双师型"教师在企业实践制度建设上面临的核心问题是"产教尚未完全融合"。从宏观角度看，政府的产业发展策略与教育发展的观念和规划似乎并未完全结合；在中观的层次上，行业的产业变革和升级与职业教育的专业建设和课程设计并没有完全结合；在微观层面上，高职院校的校企合作机制、组织形式与管理体制"未融合"，这三者之间形成一种相互脱节、互为因果的关系，造成了当前高职院校教师企业实践性缺乏。由于三个不同层次的"未融合"现象，高职院校的教师在企业实践中被视为职业教育实践中的"特殊任务"，这既不利于提高人才培养质量，更不能满足区域经济发展需求。为了从根本上进行改革，必须遵循习近平总书记的指示，进一步深化产教结合和校企合作。这样，高职院校的教师企业实践才能真正成为职业教育实践的一部分，而不是仅仅满足上级的要求。同时，还要从国家层面制定一系列支持师范生免费教育的政策，以确保这一举措能够真正落到实处。

（三）建立"双师型"教师培训专项经费及资源共享制度

"双师型"教师培训是加强"双师型"教师队伍建设的重要环节，是推进职

[①] 陈颖，吴凌云，边国俐.基于"双师型"教师认定的教师企业实践探析[J].广西科技师范学院学报，2019，34（04）：110-112；109.

[②] 张宝华.高职院校专业教师企业实践面临的问题及思考[J].教育现代化，2019，6（52）：92-93.

业教育改革、促进职业教育发展、提高职业教育质量的重要保证。各级政府和地方教育主管部门应尽快制订"双师型"教师培训专项经费制度，加大"双师型"教师培训经费投入，在地方教育事业费和职教专项经费中，都要安排一定比例的资金用于"双师型"教师培养培训工作，并做到逐年增加，探索建立培训经费保障的长效机制。

1. 职教师范生纳入师范生公费教育体系

师范生的免费教育政策始于 2007 年，此政策旨在为基础教育的师资队伍打下坚实的基石。2018 年 8 月 10 日，教育部的相关负责人宣布，《教育部直属师范大学师范生公费教育实施办法》已经对部属师范大学师范生的公费教育政策进行了全面而系统的规定，并将原先的"师范生免费教育政策"修订为"师范生公费教育政策"。

职业教育是一种面向广大人群的教育形式，职业教育师范生也应享受到免费师范生教育，以此激励更多的优秀青年投身于职业教育事业。2010 年，海南和天津首次推出了跨省市的免费师范生教育政策。天津职业技术师范大学每年都为海南中等职业学校专门培训技能型的教师，这一政策标志着我国职业教育领域开始向"全民性"普及基础教育转移，也表明国家在大力推进义务教育均衡发展和提高劳动者素质方面取得重大进展。目前我国职业教育仍处于初级阶段，要想真正实现普及义务教育和提高国民素质的目标，必须加快职业教育改革步伐。把职业教育的师范生纳入免费师范生的教育体系中无疑将为职业教育教师队伍的建设带来新的活力，吸引优秀人才长期从教、终身从教。从目前职业教育师范生免费教育情况来看，多在中等职业教育师范生培养过程中实施，高职师范生免费教育相对较少。因此我们应当在此方面加强探索与建设。

2. 明确职教教师培养培训经费来源

从历史上看，职业教育的兴衰取决于社会经济发展水平和人才需求状况。国家对职业教育的资金支持与职业教育的进步有着紧密的联系。在现代社会中，职业教育与经济社会之间存在着相互依存的关系。职业教育的资金投入直接决定了职业学院的办学质量、职业教育的教学管理以及教师队伍的建设等多个方面。因此，如何筹集职业教育经费就显得尤为重要。目前来看，我国职业教育经费已基本能够满足中等职业技术学校教学需求。然而，相较于发达国家，我国在职业教育教师的培训和培养方面的资金投入依然不足。

一是进一步加强公共财政对职业教育的资金支持。中央财政要继续安排专项资金，在保证职业教育经费总量稳定增长的前提下，适当提高中等职业技术学校经费支出占财政支出的比例。要根据经济社会发展需要和办学条件，适当调整国家职业教育经费的比例，提高职业教育资源在各类办学中的比重，促进职业教育均衡协调发展。

二是增加中央和地方财政对职业教育的专项资金，特别是针对人才短缺的专业和其他困难行业、中西部的农村地区以及少数民族地区的职业教育。

三是鼓励省级政府加快制订职业学院的学生平均经费标准。合理设定职业学校的学费标准，各级各类财政部门要把职业教育纳入国民经济和社会发展计划中，保证财政性教育经费支出与地方经济建设同步增长。

四是进一步执行将城市教育附加费用于职业教育的相关政策。在国家财政困难时期，各地都应根据当地实际情况合理调整城市教育费附加中与职业技术教育相关的部分。鼓励各企事业单位、社会组织以及个人公民为教育捐赠资金。支持发展各类中等职业学校和高等职业技术学院为当地农民提供职业技能技术培训服务。通过政府相关部门或非营利机构为职业教育提供的资金支持和捐献，可以根据相关规定获得税务减免。

3. 建立资源共享制度

政府应充分发挥沟通协调作用，在高职院校与企业间架起沟通桥梁，利用高职院校与企业各自在设备、人才、技术、资金等资源方面的优势，通过"请进来、走出去"的方式，在技术合作、人员交流、产品研发等利益双赢点上寻求对接，为了促进高职院校与企业之间的深度合作，致力于建立校企之间的联系和桥梁，实现双方的优势互补和资源共享，确保教师到企业的实践制度与企业内部的培训制度能够完美结合。建立完善有效的激励机制和保障机制是促进校企双方深度合作的重要保障。政府有责任为教师在企业中的实践活动设立专门的联络机构，确保有专职人员负责，通过专线进行沟通，实现平等的协商和对等的交流。建立"双师"制师资队伍建设体系，建立校内校外相结合的师资培训基地，共同实施日常管理、实习指导及考核评审，分阶段、分步骤、分任务协同推进教师企业实践工作的开展，加强教师企业实践的细节管理，加深教师到企业实践的内容改革，加快教师到企业实践时职业能力的养成速度，拓展校企合作的深度和广度，不断增强教师企业实践工作的有效性和长效性。

二、"双师型"教师培训制度构建

（一）"双师型"教师专项培训基金制度

高职院校有权设立教师发展专项基金，该基金可以通过多种途径如学校的行政开支、校友会的捐款、行业企业的支持或政府的拨款等来筹集，主要用于高职院校教师的培训和教育，以及进行科学研究活动等。为保障经费投入到位，国家应制定相应政策规定，确保教师在教学过程中得到必要的物质帮助。学校应当积极推动教师追求博士和硕士学位，进行在职进修，并鼓励他们出国作为访问学者。同时，学校也应鼓励教师获得相关的专业技术职务资格证书或由教育部颁发的教师专业技能培训合格证。对于那些致力于提高自己能力的教师，提供各种优惠政策和资金援助，而对于已经取得一定学术成就的教师，鼓励他们提升职称。此外，高职院校必须严格选派专业教师参加职教师资培养培训基地的师资培训，珍惜培训机会，使培训效果得到最大化。

（二）"双师型"教师培训基地建设制度

《国家中长期教育改革和发展规划纲要（2010—2020年）》明确指出，职业院校应该与相关的高等教育机构和大中型企业合作，共同创建"双师型"教师培训中心。从某种意义上说，一个地区或城市是否重视职教师资建设，直接决定着当地乃至整个区域内的经济实力、社会地位与发展前景。职业教育教师的培训基地是主要的职业教育在职教师培训途径。通过构建科学完善的职教师资培养培训基地体系，可以促进职前、职后一体化的职教师资培育模式建设。目前，我国已经构建了一个由国家级、省级和地方职教师资培训基地组成的分层清晰、结构合理的职教师资培训体系，这对于提升我国职业教育师资队伍的整体素质具有至关重要的作用。加强对职教"双师型"教师队伍的培育具有重要意义，职业教育师资培养培训基地的建设不仅是短期内解决"双师型"教师短缺问题的关键途径，也是推动教师在其专业领域实现更深层次、更高层次和更广泛发展的有力工具。

2022年12月8日，教育部发布了《教育部办公厅关于公布国家级职业教育"双师型"教师培训基地（2023—2025年）的通知》，宣布了170个职业教育"双师型"教师培训基地。

1."双师型"教师培训基地建设制度存在的问题

（1）缺少政府层面的统筹规划

近几年，随着"双师型"教师培训的不断深化，职业教育"双师"基地的建设实践也逐步展开。其中，大部分的实践活动是由高职院校自行发起和探索的，只有极少数是由政府主导，并在特定地区范围内进行"双师"基地建设的。由于缺乏相关政策支持和资金保障，目前我国大部分职业院校对校企合作下构建职业教育"双师"基地还没有清晰的认识与定位。在高职院校的双师基地建设实践中，特别是在高职院校中，"双师"基地的建立通常是由各个分院或专业独立申报并成立的。

"双师型"教师的培养从学校的独立培养发展到校企共建"双师"基地培养能够解决学校资源不足，缺乏培养"双师型"教师的必要条件的问题，通过吸纳企业、行业甚至其他社会力量的优质资源，使其共同承担"双师型"教师的培养和培训任务。当前，不少高职院校都已经建立了自己的"双师型"教师队伍，这为校企双方的人才培养奠定了基础。然而，在实际操作中，对于大多数高职院校而言，仅凭自己的能力来整合企业资源，为学校的教师提供"双师型"教师培养培训几乎是不现实的，这也造成了许多高职院校"双师型"人才匮乏的尴尬局面。

"双师"基地的建设是由高职院校独立发展起来的，但在政府层面缺乏全面的宏观规划。这种情况首先可能导致"双师"基地建设与企业的合作仅仅停留在形式上；另外，"双师"基地的建设可能会出现不均衡的情况，从而影响到人才培养质量和水平的提高。在师资力量上，由于受传统观念影响，很多人认为"双师型"教师队伍就是由兼职教师和专职教师组成的，这使得师资队伍结构失衡。这种不均衡状况与全方位提高职业教育教师的"双师"能力这一目标存在冲突，缺乏对"双师型"人才内涵的准确理解和把握会影响到对"双师型"教师队伍建设的规划和管理。而且，由于缺乏统一规划，各地方高校对自身师资力量没有进行科学规划和有效管理，最终造成教育资源的浪费。独立发展的"双师"基地通常只服务于本校的教师，因此由于培训教师数量有限，容易形成短期、零碎的项目化培训机制，这不利于"双师"基地建立系统化的培训体系，以及持续的运营和发展。

（2）缺乏科学规范的准入机制

在构建"双师"基地的过程中，首先需要解决的核心问题是"建设和管理的主体是谁"。参与"双师"基地建设的企业必须是在行业内处于领先地位，并具备一定的培训和培养能力的。在共建"双师"基地的同时，高职院校作为另一主体，也应当拥有强大的培训体系开发和运营管理能力。在对"双师"基地进行评估时必须考虑到企业的实际情况，并结合企业自身特点制订合理的评价指标体系。由于缺乏一个科学和规范的准入机制，这使得评估共建企业和院校的能力和实力变得困难，因此难以筛选出具有高水平和实力的企业和院校。在校企共同构建的过程中，往往出现一些不符合工学结合要求的项目。这不仅在很大程度上制约了"双师"基地的发展，还严重阻碍了高等职业教育的进一步改革和创新。

"双师"基地在处理"双师型"教师的培训和培养问题时，不只是评估企业和学院的资源及能力，还需要对其运营管理和培训模式进行深入的思考。从实践层面看，在构建和完善"双师"基地时，需要考虑到各方面因素的影响。如果不这样做，即便是实力出众的公司与教育机构合作创建"双师"基地，也有可能引发无法持续运营或培训质量不达标等一系列问题。所以说构建合理完善的"双师"基地准入机制对于提高人才培养和教育教学质量具有重要意义。

（3）尚未形成良性长效的运行机制

从当前的状况来看，学校与企业共建"双师"基地的合作模式还没有形成一个长期且健康的运行机制，主要存在以下几个方面的不足。

首先，由于缺乏明确的组织结构，目前的"双师"基地建设没有专门负责各种具体任务的工作组或部门，这与我国现行法律及政策对校企合作的相关规定相违背，也无法保障其高效运作。其次，学校与企业合作的双方在权利和责任上存在不明确之处，校企之间缺乏必要的权力制衡机制和利益协调机制。再次，由于缺少有效的监督和考核机制及其他相关制度，导致许多地方对"双师"基地缺乏足够重视，使得一些"双师型"教师队伍无法真正发挥作用。尽管已经制订了方案，但实施起来仍然困难。只有通过系统的计划安排和有效的组织实施才能确保"双师"基地的顺利运行和可持续发展。

(4) 尚未形成健全的培养体系

"双师"基地的建设核心是建立完善的培养体系，包括培养目标、培养内容、培养师资和培养环节等多个方面。由于对项目化教学理解的偏差以及相关理论研究的滞后，导致了项目化机制难以有效实施和运行，并出现了许多问题。在目前的"双师"基地的实际操作中，很少有一个相对完善的培训体系，而"双师"基地的培训大多采用项目化的方式进行。项目化培训面临的最大挑战是项目的不稳定性。特别是在职业教育中，教师的实践能力培养需要一个持续、稳定且呈螺旋上升趋势的过程。同时，为了全面培养教师的"双师"素质，教师培训也必须是一个持续不断的任务。一个不完善的教育培训体系将不可避免地妨碍教师个人实践技能的持续提升，降低培训质量，并增加教师规模化培训的难度。在当前职业教育中，"'双师型'教师培养模式"仍是一种比较新颖的教学模式和方法，但也存在一些不足。因此，为了真正实现"双师型"教师的培训目标，必须构建一个科学且完善的培训体系，并确保其达到规范化、制度化和常态化的标准。

(5) 校企共建培训基地缺乏激励制度

由于教师在企业中的实践经验与学生的培养有所不同，企业在人力资源方面很难获得相应的利益。另外，由于职业教育师资来源渠道不畅、待遇偏低等原因，导致部分职业院校的教师队伍出现了断层现象。特别是在目前大多数职业教育教师尚未具备较强的企业服务能力的背景下，从企业的视角来看，建立"双师"基地和参与教师培训和培养几乎是一项既没有收益也缺乏吸引力的活动。许多企业之所以参与"双师型"教师的培训，主要是基于其对社会的责任感，这也导致了对"双师"基地建设的资金投入相对较少。同时由于企业自身缺乏专业技术人才与实践经验，无法满足校企双方合作办学需求，因而往往不能很好地完成任务。因此，如何激发企业参与"双师"基地建设的积极性，如何与企业进行有效的分工合作以减轻企业的经济压力，以及如何最大限度地满足企业的利益需求，变得尤为关键。

2. "双师型"教师培训基地建设制度的改进

(1) 加强制度体系的建设与完善

我国应当尽快颁布"双师型"教师培训基地管理条例，完善基地的培训体系，同时还应加强对"双师型"师资队伍建设的监督管理工作。"双师型"教师基地的建设还需要得到社会各部门的支持，政府要建立起完善的监督制度，对基地运行情况进行全程监管，另外，还应建立起一套完整的职业教育实施监督制度。在德国，各个部门、行业和地方都建立了一个涵盖立法、司法、行政和社会监督的职业教育执行监督体系。除此之外，还应该建立一个完整的"双师型"教师培训基地的评估机制，如对培训质量进行评价、制订标准等。对于合法设立的"双师型"教师培训中心发放的相应的资质证书，其有效期限与基地的资质有效期一致，还要通过与企业合作，为基地培训师资提供专业指导和服务。

（2）加强对基地工作的领导

国家的教育管理部门需要持续强化对教育基地的监管，并在适当的时机推出相关的管理策略和手段，以激发地方各级教育管理部门以及行业和企业参与基地建设的热情。制定有关政策，鼓励社会力量投资兴办各类职业技术院校。成立"双师型"教师培训基地的专家咨询委员会，并建立培训专家库。这个库负责研究和制订基地的建设标准、评估方法和评价体系，以进一步优化基地的组成类型和结构布局。在政策上给予支持和保障。充分利用基地协会的潜能，完善其组织结构，并组织包括基地工作年会在内的各种培训、交流和研讨活动。加强校企合作，发挥政府在办学过程中的引导和调控作用，完善政策保障和经费支持机制。为了更好地整合培训项目管理办公室、公共项目管理办公室和专业项目管理办公室的资源，需要建立一个统一的网络资源信息库，并创建一个基地网络服务平台。这将有助于推动"职业学校教师素质提高计划"的执行，促进高等职业学校的校本培训，同时也会增加宣传和表彰的力度，以促进职教师资培养培训基地的规范化建设。在进行深入的调查研究后，结合地区的经济和社会发展，尤其是职业教育的发展需求，来制订基地的发展计划，并努力寻找一个既满足新时代需求，又适应地区和行业特色的职业教育师资培训基地的管理和运营模式。加强师资队伍建设，提高教师队伍整体素质。

（三）适当引进教师培训券制度

教师培训券这一概念源于教师券的延伸，它代表了教师券在教师培训领域的实际运用。培训中心和基地可以用培训券从相应的结算中心兑换等值的教育资金。与传统的教育培训经费分配方式不同，教师培训券将"政府—培训机构"的角色转变为"政府—教师—培训机构",并赋予教师选择培训机构的权利,这极大地激发了教师培训的积极性,加强了培训机构间的竞争,实现了培训机构的优胜劣汰。教师培训券具有激励功能、促进效应和补偿机制。在教师培训过程中,教师培训券制度产生了非常积极的影响。它既能使不同类型的学校和地区获得同等质量的教师培训,又能够满足每个学生对职业发展的需求。教师培训券不仅有助于确保职业教育教师获得平等的培训机会,还确保了培训起点的公平性,让所有参与职业教育的教师在面对多样化的培训资源时,都能享有平等的选择权利,从而确保每一位教师都能获得接受培训的机会。

另一方面,教师参与培训可以提高职业认同感和归属感,从而产生学习动力。此外,通过调整教师培训券的使用,可以轻松地为教师提供个性化和高度针对性的培训,从而助力教师迅速进步并弥补他们的短板。此外,教师培训券可以提高教师参与培训的积极性,促进教师专业能力提升,从而有效地提高教学质量。从另一个角度看,持有教师培训券可以帮助职业教育教师更好地进行按需培训。

(四)兼职"双师型"教师培养培训制度

高职院校兼职教师主要来源于高等院校的优秀硕博生、退休高级技术人员,以及企业、行业中的专家。高职院校引进兼职教师意义重大,有利于改善师资结构,优化教师队伍。从年龄结构上看,青年教师和老教师偏多,中年教师较少。青年教师刚从学校毕业,教育教学经验和实践经验不足;老教师虽然有丰富的教学经验,但是知识结构老化且面临退休等问题,精力有限。从高职院校自身需求来看,兼职教师往往集理论和实践于一身,是潜在的"双师型"教师。目前高职院校对"双师型"教师可谓是求贤若渴,急需聘请兼职教师以便弥补现有师资队伍结构的缺陷,同时发挥他们的"传帮带"作用,指导和激励青年教师提高实践技能和教育教学水平,促使青年教师迅速成长。来自企业的兼职教师拥有扎实的实践技能,与高职院校专任教师丰富的理论知识形成互补,在教学中分工协作,有利于提高教学质量。此外,兼职教师能够把本专业领域的新动态、新知识、新技术引入教学中,开阔学生视野,更有利于学校及时、有效地调整和优化专业设置,促进高职院校健康发展。

1. 兼职"双师型"教师的选拔与聘用

兼职"双师型"教师的来源渠道已经基本稳定,即企业、行业中有丰富实践经验的高级技术人才和高等院校在校优秀硕博生。来自企业的高级技术人才在企业工作多年，其价值观和行为习惯已基本成形，但对学校教育教学工作比较生疏，教师角色定位尚不明确，可塑性亟待加强。因此，对从事职业教育的兼职"双师型"教师的素质与能力要求要更加严格和慎重，在选拔与聘用标准和程序上要做到宁缺毋滥。首先，对于兼职的"双师型"教师，他们的工作年限应该有明确的标准。鉴于目前兼职"双师型"教师的实际情况，设定他们的工作年限为3年或超过3年是比较恰当的。拥有3年的企业工作经验，为兼职教师提供了足够的时间来深入了解其专业的核心工作内容和流程，确保他们掌握基础的专业知识和技巧，从而满足职业教育的教学需求。同时也能有效地避免一些兼职教师在学校期间因缺乏必要的学习而产生倦怠心理。其次，需要深入了解兼职"双师型"教师在其原有职业中的职业伦理和行为规范。教师的职责不仅是向学生传授专业知识和技能，更重要的是教导他们如何成为一个有品质的人，成为一名合格的职业人士。再次，对于兼职"双师式"教师在实际生活中所表现出来的问题，要给予足够重视并及时解决，让他们尽快适应新环境，完成角色转变，更好地为学校教学服务。因此，兼任的教师需要拥有良好的职业道德。最后，必须确保兼职的"双师型"教师对于教师这一职业持有深厚的热情，并保持积极的教育心态，以避免在教育过程中"半途而废"，从而避免教育资源的不必要浪费。并不是每一个在企业中拥有丰富经验的技术专家都适合担任职业教育教师。对于那些希望加入职业教育师资队伍的高级技术人员，应该重点评估他们对教育事业的热情，以及他们的个人素质与教师素质之间的匹配度，从而全面评估他们的教师职业倾向。

2. 兼职"双师型"教师的培养机构的明确

目前，我国职业教育师资培养机构主要有综合大学、理工科大学、普通师范大学及职业技术师范院校。从办学水平看，综合大学与理工科大学办学水平较高，拥有强大的师资力量、浓厚的学术氛围，但偏向于培养理论型、学术型人才，师范性和应用性较弱，与职业教育重视技能应用与操作并不一致；尽管普通师范院校拥有显著的师范教育优势，但其对职业教育教师的特殊培养并没有足够的关注，没有真正地把职业教育与普通教育教师培养区分开来。职业技术师范院校是培养职业教育教师的核心基地，是为培养高职院校教师而专门设立的高等院校，具有师范性、针对性、应用性等优势，能够准确把握且体现职业教育的特殊规律，是培养职业教育兼职"双师型"教师最合适的选择。此外，职教师资培养培训基地也是承担职教教师职后培训的重要场所，理应发挥其作用，为职教兼职"双师型"教师培养提供机会。教育行政部门有权指定那些已经负责专职教师岗前培训的师资培训中心来统一执行兼职"双师型"教师的培训任务，经过培训的兼职教师将由培训机构发放给各高职院校公认的合格证书。同时，学校应建立完善的兼职教师准入制度，确保兼职教师在岗期间的合法权益不受侵犯。逐渐放松对高等教育机构教师的资格认证和职称评审标准，允许那些满足条件的人，尤其是已经在高职院校工作的兼职教师，参与教师职称的评审并申请高职院校的教师资格证书。

3. 兼职"双师型"教师的资格认定

在我国，对于职业教育中的兼职"双师型"教师的资格认定还没有一个统一的标准体系。从目前看，多数高校是根据自己学校专业设置的特点以及学生实际情况来确定兼职教师的任职条件的，而对于如何科学地评价"双师型"教师，缺乏具体明确的依据。因此，在高职院校的兼职"双师型"教师选拔过程中，学校应对教师自身的技术技能水平进行严格的要求。在培训过程中，应重点发展教育教学能力，除了进行必要的课程考试考核外，还需要有一段时间的教育教学实习。同时，还必须加强校外实训基地建设和实践教学条件建设。简而言之，对于高职院校的兼职"双师型"教师，在确定其教育教学能力时，一方面需要进行严格和规范的必修课程考试；另一方面也要严格遵循教育实习的标准。在指导教师的监督下，他们必须认真完成实习任务，并根据实际工作和岗位需求，制订出统一、详细和完善的兼职"双师型"教师资格认定标准。

4. 兼职"双师型"教师培养评估与反馈体系的完善

完善合理有效的评估与反馈体系是保证兼职"双师型"教师培养工作正常开展的重要条件，也是提高人才培养质量的重要环节。通过建立评价指标体系，使其具有可操作性。建立一个以提高教学质量为中心，兼顾其他方面利益的多元化评价体系，并通过多种渠道向社会公开发布信息，使其监督和指导教育教学活动。在进行评教活动之外，可以考虑将兼职"双师型"教师负责的课程设置为选修科目，这样可以让学生根据教师的教学能力水平来选择或更换兼职"双师型"教师，从而实现兼职教师的优胜劣汰。另外，还可以设立专门的教师评价体系，对兼职

"双师型"教师开展综合评定。在评估兼职"双师型"教师的考核结果时，应确保及时的反馈和有效的沟通。对于评估不佳的部分，应与兼职教师进行真诚的交流，寻找解决问题的策略和手段，而不是简单地解雇他们，这种做法既不负责任也不利于学校的教学质量提升。

第三节 "双师型"教师职称评审和聘任制度

一、"双师型"教师职称评审制度构建

首先，在"双师型"教师职称的评审中应将教师的综合素质作为主要参考指标。除了要严格执行基本素质评审，还应适当增加教学业绩的参考比重，甚至将此作为职称评审的首要考虑因素。

其次，要重视考核教师的专业技术操作技能，注重对学生知识和技能的迁移能力的考查，以此来间接了解"双师型"教师的教学能力。

在"双师型"教师职称评审中，不仅要把教学工作和专业技术操作技能作为重要标准，同时还要积极引导与鼓励那些拥有学术特质的教师，这样可以避免"双师型"教师职称评审工作从一个极端走向另一个极端。

要建立科学完善的教师职称评定机制，为提高教师综合素质提供制度保障。教师职称评审作为评估教师行业内专业技术人才的核心手段，具有显著的政策导向和高度的敏感性，它与每一位教师的个人利益紧密相连，并起到一定的指导作用。因此，加强对职业学校"双师型"教师的培养，是保证高等职业教育教学质量和人才培养目标实现的重要手段。"双师型"教师作为职业教育教师团队的核心，对职业教育的办学质量和水平产生了直接而显著的影响。激发职业教育中"双师型"教师的工作热情和创新能力，构建一个稳固且高质量的高职教育教师团队，确保他们在各自的岗位上能够充分施展其潜能，关键在于根据职业教育的特性和"双师型"教师的特点，确保"双师型"教师的职称评审工作得到有效执行，从而最大限度地满足职业教育发展的需求和我国经济社会发展对职业教育人才的需求。

二、"双师型"教师聘任制度构建

教师这一职业一直以来都被认为是"铁饭碗",旱涝保收。事实上,在当今,教师职业终身制已经不符合社会发展需求,且也不能满足社会发展的需要了,而且教师职业终身制对教师队伍的优化配置及教师个体的成长和发展都是不利的。《中华人民共和国教师法》等法律要求推进教师聘任制,这与我国事业单位人事制度改革的方向相符,是实施"人才强校"战略、加强高职院校教师队伍建设的重要措施,也是对高职院校改革和发展战略全局有重大影响的关键问题。

"双师型"教师聘任制度的设计需从以下几方面着手。

(一)按需设岗、科学设岗

1. 按需设岗

①明确用人原则。根据学校的未来发展蓝图和实际需求,对人才进行合理的配置,并为人才需求制订详细的规划。在聘任过程中,严格遵循"按需设岗、公开招聘、平等竞争、择优聘用、严格考核、合同管理"的原则,并确保相关的组织工作得到有效执行。实行岗位职务聘任制,必须遵循一定的条件标准,建立科学的评价体系,明确岗位职责。

②在聘任过程中,必须保持公开和公正的态度,充分考虑专业间、专业发展与教师个体发展之间的互动关系,优选聘任,在制度上保障教师权益,建立有效激励机制。

③正确处理好政治权力、行政权力、学术权力和民主权力的关系,依法治校,强化"合约本位",淡化"官本位"。

④确立科学的人才流动观点,并强调绩效的重要性。高职教育应以市场需求为导向,培养具有综合职业能力、创新能力和创业精神的高素质技术技能型专门人才。高职院校还应重视加强对"双师型"教师的绩效管理,改革传统单一的考核方式,参考岗位职责、贡献度、业绩等指标对教师工作绩效进行综合考核。

2. 科学设岗

科学设岗是实施"双师型"教师职务聘任制度的前提。科学设岗要求高职院校以学校内外部环境及学校发展战略为依据来科学预测学校未来人力资源供求,准确把握学校专业设置、教学任务量，确立与实施科学合理而又与"双师型"教师发展需求相符的定编定岗制度。

（二）建立健全全员聘任制

《中华人民共和国教师法》规定我国实行教师聘任制度。高职院校推行全员聘任制，对竞聘上岗制、校长竞争机制予以全面实施，教师不再是"铁饭碗"，每个岗位都能上能下，不是"一潭死水"。

职业教育与社会经济有密切的联系，市场经济对职业教育的发展有较大的影响，职教教师首先必须是学习型教师，掌握丰富的理论知识和先进的新技能，对国内外专业发展动态和前沿信息都能及时了解，能够做到与时俱进。在高职院校中也只有将聘任制引入领导层的管理中，才能切实发挥出教师聘任制度的功能与辐射作用。实行竞争上岗，应在领导层绩效考核中将学校形象、师资队伍建设、校园文化建设、学校教学水平等作为关键指标进行考核。上级教育主管部门应大力支持在校领导中推行聘任制，并进行工作指导。作为实行教师聘任制的主管部门、监督部门和执行部门，政府部门要坚持公开、公正的原则，做到聘任程序公开化、考评方法科学化，允许全体教师、社会特别是舆论媒体来监督整个聘任流程。

需要注意的是，"双师型"教师聘任制度必须落实到位，起到优胜劣汰的作用，不能流于形式，否则会打击称职教师的工作积极性，让不称职的教师存在侥幸心理。只有激发了教师的竞争意识，才能不断优化教师队伍建设。目前我国对"双师型"教师聘任制度的建立和实施还处在试验和摸索阶段，还没有健全各项规章制度，这也难免会出现各种问题，还需要高职院校教育工作者、各级教育行政部门共同努力。

高职院校要合理设置"双师型"教师的聘期，对"双师型"教师最大限度地保留和激励。一般来讲，要在充分考虑国家法律法规、学校的定位与规划、教师工作特性、工作任务周期、原有教师贡献及师资队伍建设中的梯队结构等因素的基础上确定聘期。目前，我国高职院校实行的聘任制主要是长期聘任和短期聘任相结合，以教师的工作岗位和工作实际情况为依据与其签订聘任合同，实行合同管理。高职院校实行的长期聘用制主要针对的是对学校发展有重大贡献的专业带头人、教学骨干、"双师型"教师。对于不同职务的"双师型"教师的聘任期限需根据每个学校的实际情况而定，关键在于激励与保留优秀的"双师型"教师，否则就失去了实施该制度的真正意义。

高职院校要严格按照相关法律法规的规定实施教师聘任制度，综合考评"双师型"教师在任期内的工作表现、教学情况、专业知识和技术研究情况等指标，继续聘用考评合格者尤其是优秀者。要以教师在上届聘期内的业绩为依据，重新确定继续聘用教师时为他们安排的职务。学校有权在不称职教师聘期结束后对其不再继续聘用，这样就给教师带来了危机感，增强了教师的竞争意识，而且也真正实行了公平的选拔与淘汰制度。

（三）新教师与在职教师聘任

"双师型"教师申请者取得"双师型"教师任职资格后，可到高职院校应聘。高职院校要对应聘的新教师严格把关，从教师入口确保"双师型"教师队伍的质量，对教师的招募、录用两个环节必须充分重视起来。在"双师型"教师的招聘过程中，应由教育部门负责招募工作，以地区经济和高职院校教师的需求情况为依据统筹考虑辖区内高职院校的"双师型"教师招聘数量和专业设置情况，并以事业单位招聘考试内容和流程为参考，将有关空缺职位的信息如校名、专业、任职资格、报酬待遇、职业发展及申请程序等公开到报刊、网络等媒介上。教育主管部门发布招聘信息，一方面可以宣传高职院校，吸引优秀人才报考，从而优中选优；另一方面可以使招聘过程的公开化和透明化得到保证，树立高职院校的良好形象。应聘者将申请表及毕业证和学位证、"双师型"教师资格证、职业技能等级证书、健康证明等相关材料递交给申请的高职院校，等待考核。在"双师型"教师的录用方面，要着重考核应聘者的综合素质和"双师"素质。高职院校成立"双师型"教师工作领导小组，主持教师录用工作，通过笔试、面试、专业技能考核等各种有效的方式对应聘者的教育观念、知识技能水平、职业道德和心理品质、教育教学能力等素质进行全面考查，然后向校长或学校董事会递交候选人名单。

高职院校对"双师型"教师的续聘、解聘、返聘等聘任工作，应采取阶段性评价与总结性评价相结合的方式。组织"双师型"教师工作领导小组中的专家成员，重点评价在职"双师型"教师教学任务完成情况、专业知识和技能的传授情况及教学态度等，对其已有的知识和能力结构、教学水平进行考核，并采取个别访谈、同事评价、学生评教等形式全面综合地进行评价，力求真实反映"双师型"教师的综合素质和能力，为聘任决策提供可靠依据。

总之，在高职院校中实行"双师型"教师聘任制，需要各级政府部门分工明确、协调配合、通力合作，为高职院校自主用人、自主招聘搭建平台，并提供相关法律法规及社会保障制度，完善相应的人事管理规章，使高职院校在遵守法律法规的前提下从学校的发展定位和自身条件出发自主决定"双师型"教师的聘用。高职院校实施"双师型"教师聘任制度，最终是为了激活学校现有的人力资源，充分挖掘教师的潜力，以优化配置教师，提高教学水平。因此，在"双师型"教师聘任制度的设计中，要遵循基本的人力资源规律，在使教师的基本生活有所保障的基础上将竞争机制和合同管理形式引入其中，形成科学的"激励—约束"机制，从而充分发挥聘任制度的作用与实效。

第四节 "双师型"教师管理考核制度

一、建立健全"双师型"教师人事管理制度

（一）以人为本，关注"双师型"教师发展

在新时期下，我国高等职业教育正处于发展阶段。为了实现高职院校的人才培养目标，实施"人才强校"战略是必要的，其中"双师型"教师作为高职院校人才的核心，是进行人事管理的关键组成部分。现代人力资源管理强调"人本"管理，即将主要管理对象及管理资源定位到人身上。因此高职院校应通过激励机制将教师的积极性和创造性充分激发出来，引导教师实现预定目标。作为一个有组织的教育系统，高职院校正是以人为本的实体，院校管理者与教师相互沟通和交流，共同完成工作规划与指定目标，从而形成同舟共济、共同完成学校发展目标的管理机制。

为了高职院校的长远利益，必须树立以教师为本的理念，对教师的发展和利益追求给予极大的关注，使教师的主观能动性和创造性得到最大限度的发挥，并对教师的个性化差异给予充分的尊重。在新时期，加强对高职院校青年教师的培养显得尤为重要。高职院校在教育过程中，必须首先尊重、激励和关心教师，为他们提供展现才华的优质环境，并对教师在工作、学习和生活中遇到的问题提供积极的帮助和解决方案；为了营造一个平等、友善、和谐的人文氛围，以及一个专业研究氛围浓厚和学校文化凝聚力极强的环境，需要为教师提供大量的成长、创新和创业机会，从而增强教师的归属感和责任感；必须毫不动摇地把教师的核心利益作为高职院校工作的起点和终点，以教师所关注的焦点和难题为核心，构建高质量、高效率的工作流程和公正、透明的管理制度，从而推动高职院校的健康与持续发展。

（二）以激励为主，提升"双师型"教师能力

马斯洛的需要层次理论认为，人有五个层次的需求，从低到高分别是生理需求、安全需求、爱与归属需求、尊重需求与自我实现需求。激励员工，建立有效的激励机制，激发和调动"双师型"教师的积极性是高职院校对"双师型"教师进行人事管理的重要任务。对激励机制的建立和完善有利于提高"双师型"教师队伍的整体水平。

二、保证"双师型"教师绩效考核机制的公平公正

高职院校对"双师型"教师的绩效考评要从两方面展开，一是教师工作的行为，二是教师工作的结果。目前，我国大部分高校采用了绩效考核方法对教职工进行管理，其中最主要的就是以学生成绩为基础的量化考核办法。在考核过程中，需要全面地描述教师工作的长处和短处，这是一个涉及多方面因素的复杂过程，包括观察、判断、反馈、度量、组织介入和人的感情等，因此需要投入大量的资源和精力。目前高职教育已进入内涵发展阶段，这就要求高职院校建立科学的绩效考核机制。为了确保绩效考核的有效进行，并实现预定的目标与成果，高职院校在执行过程中应特别关注以下几个关键问题的处理。

（一）完善"双师型"教师评价制度

1. 完善教学工作督导制度

高职院校的核心竞争力主要是教学质量，教育教学质量的高低对学生的学习质量有直接的影响。高职院校必须重视"双师型"教师的教学工作，建立专门的教学督导组对"双师型"教师的教学工作进行定期或不定期的考查，采用听课、指导等多种方式掌握好教师的教学进度，依据教学大纲和教学目标，对"双师型"教师的教学质量进行全面评估，严格执行教学评价和监督机制，以维护教学活动的正常秩序。建立完善的教学工作督导制度来保证评价结果真实可靠，加强对年轻教师的专业指导。

2. 充分发挥学生评教的作用

在"双师型"教师的教学实践中，学生拥有最大的话语权。应该充分尊重学生的主观能动性，激发他们的评教热情，让他们真正参与到教学管理过程中。通过制订量化的评价指标，可以确保评价的客观性和公正性。这样，职业学院的学生可以更加关心教学活动，并对教师的教学工作进行监督，从而鼓励"双师型"教师不断吸收新的知识和技能。

（二）科学构建"双师型"教师绩效考评指标体系

高职院校需要对"双师型"教师进行全面的评估，其中最重要的就是考评指标的设定。根据高职院校实际情况，可采用定性和定量相结合的方法制订具体可行的考评指标体系。考评指标体系的主要内容涵盖了以下几个方面。

首先，需要全面考虑能够体现"双师型"教师工作成果的各种指标，并从多个角度对教师的工作进行评估。通过这样的评估，不仅可以区分教师的素质、能力和贡献，还能突出"双师型"教师作为评估对象的独特性质。

其次，不仅要对那些可以量化和容易评估的部分进行考核，还需要对那些难以量化的定性部分进行评估。既要注重定性考评又不能忽视定量考核，要对评估指标和方法进行精确的选择和设计。在这个基础上，结合定性和定量的评估方法，从质量和数量两个方面对"双师型"教师进行综合评估。

第五节 "双师型"教师评价机制

一、"双师型"教师评价概述

为了提升高职院校教育质量水平，以学校为主体，建立并完善校企合作人才培养模式下的"双师型"师资队伍，院校应当重视"双师"结构的专业教学团队建设，并聘请在行业内有影响力的专家作为领军人物。同时，也应聘请企业中的专业人才和技艺高超的工匠作为兼职教师，以确保专业建设与产业发展同步，使学生的实践能力满足职业岗位的需求。此外，还应建立完善的"双师型"教师队伍建设机制。专业的教学团队不只是由高职院校的全职教师组成，还涵盖了来自各种行业和企业的兼职教员。"双师"结构是指两个不同层次、性质的人员之间相互融合、相互促进、共同发展的一种关系形态。双元主体结构的存在决定了双元素质结构的形成，这不仅有助于提升学生的职业素质，还能增强他们在实践、创业和创新方面的能力。在构建以校企合作为基础的人才培养模式中，"双师型"师资队伍是关键。而"双师型"教师评价是提升教师教学、科研和实践能力的重要方式。科学的"双师型"教师评价体系也是考查"双师型"教师培养质量以及进行"双师型"教师继续教育的有效依据，是"双师型"教师培养制度建设的重要环节。

2019年8月，教育部、国家发展改革委、财政部、人力资源和社会保障部联合印发《深化新时代职业教育"双师型"教师队伍建设改革实施方案》，提出建立职业院校、行业企业、培训评价组织多元参与的"双师型"教师评价考核体系。推动各地结合实际，制订"双师型"教师认定标准，将体现技能水平和专业教学能力的"双师"素质纳入教师考核评价体系。[①]

"双师型"教师评价内容的确定是一项复杂、系统的定量与定性工作。仁者见仁、智者见智，不同的学院侧重的角度和重点各不相同。比如，有的学院把"双师型"教师考核的内容确立为德、能、勤、教、赛、研六个要素。德就是师德，

---

① 教育部，国家发展改革委，财政部，等. 教育部等四部门关于印发《深化新时代职业教育"双师型"教师队伍建设改革实施方案》的通知[J]. 中华人民共和国教育部公报，2019（11）：30-34.

包括个人的思想政治素质、个人的道德品质、个人的行为习惯；能包括个人能力，特别是个人的知识素养和实践技能；勤包括个人遵守作息时间及课堂时间，以及工作勤奋情况；教就是教学能力与水平，包括课堂教学、作业批改、备课教案、指导实训等内容；赛就是参加各种竞赛情况；研就是教研、科研，包括教师论文、著作、研究项目、社会服务等情况，将这些内容再进行细化和量化，就形成了"双师型"教师的较为完整的评价内容。

二、"双师型"教师评价的标准

（一）校内专任"双师型"教师评价标准

1. 现行评价标准

"双师型"教师队伍建设是实现校企合作办学目标的关键要素之一，也是高职院校师资建设中亟待解决的问题。现阶段，我国在"双师素质"的评估准则上，无论是教育管理部门、教育研究者还是教学机构，都持有不同的观点。较有代表性的有"双职称""双资格""双能力"3种观点。3种观点的具体内容如表4-5-1所示。

表4-5-1 现有的"双师素质"评价标准

序号	标准	具体要求
1	双职称	教师职称：具有讲师及以上教师系列职称
		技术职称：具有工程、经济等社会技术等系列中级及以上职称
2	双资格	教师资格：大学本科以上学历，具有教师证
		职业资格：具有两年以上的相关专业工作经历
3	双能力	教育教学能力：具有专业理论知识讲授的教育教学能力
		专业技术能力：具有专业基本技能训练指导的能力

表4-5-1中的3类标准区别在于："双资格"这一标准明确了职业教师在教学前需要满足的条件，这是一种事先控制；"双能力"标准则强调了教师在教学过程中所表现出来的实际水平和潜力大小，属于事中控制，这一标准突出了职业教师在教学过程中应当掌握的技能；"双职称"标准要求职业教师具有"双师型"特征，是对职业教师在教学过程中的认可和奖赏，属于事后控制。

2. 评价标准的创新

目前，我国对于"双师素质"教师的评估标准呈现出多样性，其中包括行政标准、院校标准、学者标准。这些标准内涵较为丰富，可以从不同侧面反映出一个人在教育教学工作中所取得的成就和存在的问题。因此，对于上述的3种标准，需要进行全面的整合和进一步的细化，从而更好地培养具有"双师素质"的教师。

（1）"双师素质"教师资格评价标准

该标准的创新之处主要体现在3个方面：首先是综合性，它提出的"双师素质"教师资格标准综合了"双职称""双资格"和"双能力"3个标准，既考虑到教师职业发展规律，也体现出时代特色。其次是多元性，多元化的标准体系从职业素养、专业理论知识、职业技能、课程建设和科研技术5个方面结合我国实际情况，制订出相应的实施意见，为各地区开展"双师型"教师队伍建设提供参考依据。最后是层级性，针对不同级别的教师制订了各自的标准要求，这些标准可以应用于教师的晋升、职称评估和考核等多个领域。具体评价标准如表4-5-2所示。

表4-5-2 "双师素质"教师资格评价标准

	一般教师	骨干教师	专业带头人
职业基本要求	1.爱岗敬业、无私奉献。 2.具有课程意识、学生意识和问题意识。 3.能够整体把握教学法的理论体系结构，能分析和处理教材。	1.爱岗敬业、无私奉献。 2.具有课程意识、学生意识、开放意识和问题意识。 3.能够整体把握教学法的理论体系结构，能熟练分析和处理教材。 4.具有团队协作精神。 5.通过传、帮、带指导一般教师进行教学研究	1.爱岗敬业、无私奉献。 2.要有创新意识。 3.能指导中级职称教师进行教学和科学研究。 4.能够把握教学法的理论体系结构，能分析和处理教材。 5.具有创新意识和团队精神
专业知识要求	系统掌握本专业的基础理论知识和专业理论知识	能够及时掌握和更新本专业的新原理、新技术	对本专业的应用性原理和技术有一定的研究
职业技能要求	1.取得该专业国家或行业颁发的中级职业资格证书。 2.具有初级职称所需的专业技能。 3.每年到企业进行本专业认知实习，或在校内实训基地进行本专业主干课程见习，不少于60天	1.具有该专业国家或行业颁发的高级及以上职业资格证书。 2.具有中级职称所需的专业技能。 3.每年到企业进行与本专业匹配的岗位实习，或参与校内实训项目建设，不少于60天	1.取得该专业国家或行业颁发的中级职业资格证书。 2.具有高级职称所需的专业技能。 3.每年到企业进行新技术的研究，或参与校内实训项目建设，不少于60天

续表

	一般教师	骨干教师	专业带头人
课程建设要求	1. 能制作合格的院级网络课程。 2. 积极参加网络教学资源开发	1. 能制作合格的院级网络课程。 2. 主要参加网络教学资源开发。 3. 能负责院级精品课程开发	1. 能开发院级或国家级精品课程。 2. 主持网络教学资源的开发。 3. 能制作合格的院级网络课程
科研技术要求	1. 积极参与中、高级职称教师主持的科研课题或横向技术服务。 2. 参加校内实训基地建设，每年完成1篇教育教学研究成果的学术论文	1. 主要参加本专业新原理、新技术的应用型研究，能产生一定的效益。 2. 主要参加校内实训基地建设，完成1篇教育教学研究成果的学术论文。 3. 积极参加专业带头人主持的科研课题	1. 主持本专业新原理、新技术的开发研究，并能产生一定的效益。 2. 主持校内实训基地建设，每年完成学术论文1篇（核心期刊）。 3. 积极参与行业、企业新技术的研究

（2）"双师素质"教师履职情况评价标准

目前，我国大多数高校教师具有一定的"双师型"水平，对于那些被视为"双师素质"的教师，学校的人事部门应该每隔三年对其进行一次履职情况考核，考核标准如表4-5-3所示。这一考核标准与"双师素质"的评估标准是一致的，并采纳了二级考核标准。在第一级指标的基础之上，第二级的考核标准进一步进行了详尽的阐述。通过每年的考试来确定每个"双师素质"教师的具体考核内容及成绩评定方法，并建立起一套科学的评价体系。对于那些未能满足"双师素质"标准的教师，学校提供教育并协助他们进一步提升，继续实行定期考核制，并根据教师考核成绩决定是否取消其"双师素质"教师资格。

表4-5-3 "双师素质"教师履职情况评价标准

第一级指标	第二级指标	"双师素质"教师具体评价内容	每项分值	评价结果的等级				
				一级 1.0	二级 0.8	三级 0.6	四级 0.4	五级 0.2
思想品德方面	职业素养	遵纪守法、为人师表、具有较强的团队精神	5					
	职业态度	勤业、乐业、敬业，事业心强、乐于接受任务	5					

续表

第一级指标	第二级指标	"双师素质"教师具体评价内容	每项分值	评价结果的等级				
				一级 1.0	二级 0.8	三级 0.6	四级 0.4	五级 0.2
教育教学能力方面	教学理念	能熟练掌握先进教学规律，在实践中能不断学习和及时更新教学理念	7					
	理论教学	教学目标明确，教学方法和教学手段先进，能不断更新专业理论知识	10					
	实践教学	能熟练掌握实践教学的各项技能，能全面指导学生进行顶岗实习和实践教学	12					
专业技术方面	理论水平	能够及时掌握和更新本专业新原理、新技术	12					
	实践能力	根据不同等级的要求，每年到企业或校内实训基地进行不少于60天的实训指导和锻炼，能全面指导学生实习及实训	17					
课程建设方面	课程建设	根据不同层级要求，能参与或主持网络教学资源、院级精品课程、市级精品课程和国家级精品课程的开发	5					
	课程开发	根据不同层级要求，能参与、整合教学资源，主持开发相关课程	5					
科研能力方面	教学研究	每年撰写教学研究心得体会或研究成果论文1篇	4					
	科学研究	根据不同层级要求，每年撰写专业技术的学术论文，或参与、主持省部级或以上课题（每2年主持一项）	5					
社会服务方面	企业实践	5年中，有半年及以上的企业实践经历	4					
	服务能力	根据不同层级要求，参与或主持横向课题研究	4					
创新方面	创新能力	具有一定的技术革新能力和解决实际问题的能力	5					

备注：1.总分计算为二级指标得分乘以权重。

2.考核分在60分以下为不合格，60~74分为合格，75~89分为良好，90分及以上的为优秀。

（二）兼职"双师型"教师评价标准

1.现行评价标准

高职院校中，兼职教师扮演着不可替代的关键角色。因此，雇佣兼职的"双师型"教师成为高职院校缓解教师短缺问题、解决教师结构问题和提升教学效果的关键策略,许多高校都把聘用兼职"双师型"教师作为培养高素质技能型人才的重要途径之一。然而,当前许多高职院校在大规模招聘兼职"双师型"教师的过程中,往往忽略了对这些兼职"双师型"教师的有效管理。由于高职院校的培养目标与社会需求之间存在差距,因此高职院校必须重视对兼职"双师型"教师队伍建设的研究,包括兼职"双师型"教师的准入机制、培养机制、使用机制、评价机制等方面,现行兼职"双师型"教师评价机制存在的主要问题如下。

(1)不重视教学,评价困难

高职院校所需雇佣的"双师型"兼职教师应是来自行业企业前线的专家和能手,他们不仅能满足学生的学习要求,而且可以为企业提供技术服务和技能培训。然而,在大多数企业中,这种类型的员工主要是企业内部的技术专家,他们需要处理企业内部的各种事务,因此很难有足够的时间和精力去全身心地投入学校的教学活动中。

(2)聘任标准低,评价标准不统一

现阶段,高职院校已经适应了时代的变迁,其规模也在持续扩张,这导致许多高职学院的全职教师难以满足其教学需求。因此,许多高职院校纷纷引进兼职教师作为教师队伍中的一个补充力量。目前,高职院校的评估和考核体系视兼职"双师型"教师的聘用为关键的评价标准。为了满足基本的兼职"双师型"教师的需求,某些高职学院在招聘这类教师时降低了标准和要求。这使得许多高职院校出现了"重科研轻教育,重技术轻师德"的现象,严重制约着师资队伍建设的健康有序进行。另外,许多高职院校在聘请兼职"双师型"教师时并没有建立一个完善的聘任机制,一些兼职"双师型"教师只需与院系签订一份简单的协议,就可以参加学校的教学活动。

2. 评价标准的创新

通过构建科学合理的考核与评价体系,可以有效促进专职教师队伍建设,提升教学质量水平,提高学生学习兴趣。高职院校的教学监督部门不仅需要对全职教师的教学效果进行评估,还需承担起对兼职"双师型"教师在教育和教学过程中的评价职责。在此基础上,还要加强对专职"双师型"教师队伍建设的指导和帮助,使之尽快适应新时期人才培养要求。当前,尽管大多数高职院校设有评价和督导机构,但这些机构主要负责评价和督导专职教师的教学质量,而不是针对兼职的"双师型"教师。

为此,需要根据不同层次的兼职"双师型"教师(行业企业专家、专业人才、能工巧匠)制订不同标准的要求,从职业素养、专业理论知识、职业技能、课程建设、实践技术5个方面对不同层次的兼职"双师型"教师作出规定,评价结果可用于兼职"双师型"教师聘用、职称评审、薪酬激励等方面。具体评价标准如表4-5-4所示。

表4-5-4 兼职"双师型"教师资格评价标准

	能工巧匠	专业人才	行业企业专家
职业基本要求	1.爱岗敬业、无私奉献。 2.具备良好的思想政治素质和职业道德,遵纪守法,热爱教育事业,身心健康。 3.具有团队协作精神	1.爱岗敬业、无私奉献。 2.具备良好的思想政治素质和职业道德,遵纪守法,热爱教育事业,身心健康。 3.通过传、帮、带指导专业教师进行实践教学。 4.具有团队协作精神	1.爱岗敬业、无私奉献。 2.具备良好的思想政治素质和职业道德,遵纪守法,热爱教育事业,身心健康。 3.要有创新意识。 4.能指导专业教师进行实践教学和科学研究。 5.具有创新意识和团队协作精神
专业知识要求	1.系统掌握本专业的基础理论知识和专业理论知识。 2.具有一定的专业理论和专业技能	1.能够及时掌握和更新本专业新原理、新技术。 2.具有较强的专业理论和专业技能	1.掌握本专业技术领域发展趋势。 2.在业内具有一定影响。 3.对专业建设具有前瞻性见解
职业技能要求	1.取得该专业国家或行业颁发的中级职业资格证书。 2.具有相应专业的初级技术职务。 3.能够胜任教学工作	1.具有该专业国家或行业颁发的高级及以上职业资格证书。 2.具有相应专业的中级技术职务。 3.能够胜任教学工作	1.取得该专业国家或行业颁发的技师及以上职业资格证书。 2.具有相应专业的高级技术职务。 3.能够胜任教学工作
课程建设要求	1.能制作合格的院级网络课程。 2.积极参与网络教学资源开发	1.能制作合格的院级网络课程。 2.主要参加网络教学资源开发	1.能负责院级或国家级精品课程。 2.主持网络教学资源的开发

续表

	能工巧匠	专业人才	行业企业专家
实践技术要求	1. 积极参与专业人才和行业企业专家主持的横向课题或横向技术服务。 2. 主要参加校内实践教学	1. 主要参加本专业新原理、新技术的应用型研究，能产生一定的效益。 2. 主要参加校内实训基地建设和实践教学。 3. 积极参加行业企业专家主持横向课题研究或主持横向技术服务	1. 主持本专业新原理、新技术的开发研究，并能产生一定的效益。 2. 对本专业建设提出前瞻性的见解。 3. 积极参与行业、企业新技术的横向课题研究

三、"双师型"教师评价结果的应用

（一）校内专任"双师型"教师评价结果的应用

现阶段，众多高职院校已经制订了关于"双师素质"教师的培养方案、方法和评估体系，但由于缺少有效的激励策略，教师的工作热情并未得到充分激发。因此，在培养具有"双师素质"的教师时，需要根据评估的结果来实施激励措施，以促进教师的主动成长，这包括两个主要方面。

1. 优化薪酬激励措施

薪资不仅是最常用的激励手段，同时也是最根本的激励方法。通过建立合理有效的薪酬制度，可以调动广大教师教书育人的积极性和主动性。为了科学地构建高职院校"双师素质"教师的薪资结构，学校应根据评估结果，在薪酬分配上持续偏向那些具备"双师素质"的教师，并提高他们的薪酬待遇，这不仅增强了专业教师的"双师素质"，还为教师创造了一个专注于职业教育、专心于教育的积极环境。"双师型"师资队伍建设长效机制的建立，为培养高技能人才提供了有力支撑。

2. 改革教师职称评审制度

在进行"双师素质"教师职称的评审时，应该强调高等职业教育的独特性，而不是简单地以本科学校的标准来评价高等高职学院的"双师素质"教师。因此，需要对高职院校的"双师素质"教师职称评审制度进行改革：在进行职称评审时，应更加重视教师的实际专业技能和教学水平，而不是仅仅关注他们发表的论文或课题。同时还可以考虑将职称评审与职称评定结合起来。首先，对于那些具备出色的专业实践能力和高水平的专业教学能力的教师,在进行职称评审的过程中,应当在论文和课题的数量以及级别方面给予强有力的支持;其次,对于那些学历较高且技能出众的教师,在进行职称评审时,对于他们的工作经验和所承担的课时数等相关条件都应提供某种程度的政策优待。

(二)兼职"双师型"教师评价结果的应用

考虑到兼职教师在考核和评价上的差异,高职院校应当构建与之相匹配的处罚和激励策略,确保对兼职教师的奖惩明确,并为他们制订合适的约束和激励措施。通过激励引导,使他们不断提升专业技能和综合素质。对于那些不满足标准的兼职教师,必须果断地将其解雇;对一些基本能力较强,但由于自身原因而不能胜任教学任务或影响教学效果的兼职教师可采取奖励政策进行激励,以促进他们更好地完成本职工作。对于那些在某些领域存在不足的兼职教师,应当通过在职培训来进行改进;对表现突出的兼职教师进行表彰奖励和晋升职称。还可以考虑制订一个兼职教师的单课时津贴的浮动机制,以在物质上增强对其的约束力。对兼职教师进行管理时,既不能过于苛刻,又不可过分放任,应当建立相应的激励机制,调动他们的积极性。此外,也不应该轻视思想教育的重要性,要对兼职教师进行必要的人文关怀。从激励机制的角度出发,也需要改变传统的思维方式,将物质上的激励与精神上的激励相结合。要通过多种途径对兼职教师进行培训,并在教学实践中加以应用。

第五章 "双师型"教师培养模式

为培养出"双师型"教师,从理论上说,无论是职前还是职后,都应为他们安排某些特定方式的培养活动。本章主要介绍了"双师型"教师培养模式,分别介绍了四种不同的模式,依次是院校培养模式、校企合作培养模式、自主成长模式、文化生态模式。

第一节 院校培养模式

一、明晰教育理念

"双师型"教师的专业发展绝非一蹴而就,而是一个持续的知识积累过程。每个人的发展路径都有所不同,因为个体差异决定了成长的方式。在高职教育中,"双师型"教师不仅要掌握丰富的专业知识和教育理论,还要对职业领域有深入的了解。这其实是一个知识获取与整合的过程,教师需要将这些知识融会贯通,形成自己的教学理念和方法。为了更好地培养这类教师,院校应建立一套完善的培养模式,而这种模式的建立要注重以下两方面。

第一,在高职教育中,"双师型"教师不仅是学生掌握基础理论知识的引路人,更是培养学生实践操作能力的关键指导者。这类教师不仅需要有扎实的理论功底,更需要有将这些理论知识转化为实际操作中的实用技巧和经验的能力。这样,学生不仅能学到课本上的知识,更能通过实际操作加深对知识的理解和掌握,为未来的职业生涯打下坚实的基础。

第二,知识决定能力的观念在"双师型"教师的培养中也有所体现。人们普遍认为,知识的积累是能力发展的基础和前提。对于"双师型"教师而言,专业、教育及职业知识的不断积累,是他们提升自身能力、成为优秀教育工作者的关键。在这种观念的背后,其实也隐含着对知识与实践关系的思考。知识不仅仅是对过去的总结，更是对未来的指导。教师只有掌握了丰富的知识，才能在实践中游刃有余，更好地指导学生。

"双师型"教师是高职教育中的重要力量，他们不仅具备扎实的专业知识，还能够在教学中实现知识与实践的结合。这种类型的教师培养要特别注重知识的应用与转化，确保教师在获得新知识的同时，能够将其融入实际教学中，引领学生的行为转变；除此之外，"双师型"教师的成长还十分依赖于学术理论教育。由此，在这一模式下成长起来的"双师型"教师大多是来自综合型大学的专业毕业生或教师，他们通过不断的学习和实践，将专业知识和教育理论转化为教学技能，为高职教育的发展做出了重要贡献。

二、课程设置与实施

（一）课程结构

职业技术师范大学要充分发挥教育学与工学的优势，通过教育学课程的开设与工学课程的开设构建一套复合型的知识体系，为此，需要构建一种"职业课程+教育课程+专业课程"相整合的课程结构。以机械设计与制造专业的硕士层次"双师型"职教师资培养为例，职业课程方面主要开设如职业科学、机械设计制造类职业工作分析等课程；教育课程主要开设教育基本理论、专题教育、科学研究方法论和职业教育心理学等课程；专业课程主要开设机械工程学科新进展和机械设计制造领域新技术专题研究课程。职业课程保障学生职业素养的发展，教育课程培养其教育方面的素养，专业课程奠定专业基础，这三类课程整合一体以促进学生综合素质的养成及培养目标的达成。

（二）课程实施实践

课程实施是将课程付诸实践的过程或活动。职业技术师范大学应提倡"技能实践+工程实践+教育实践"相结合的课程实施实践思路。"双师型"职教师资培养的核心在于实践，实践内容可分为三种：分别是技能实践、工程实践和教育教学实践。首先，学生需在行业企业的真实环境中进行技能和工程实践，深入了解企业的运作流程和行业发展趋势，获得相关的职业认证资格证书，最终完成与论文选题相关的实践研究报告。同时，他们还需在高职院校的教育实践中学习如何将理论知识与实际教学相结合，提升自己的教育教学能力。在这个过程中，行业企业和高职院校的教师将共同参与指导，确保学生能够全面掌握所需的职业技能和教育教学技能。这种培养模式将为学生未来的职业发展打下坚实的基础，使他们成为既具备职业技能又拥有教育教学能力的"双师型"职教师资人才。

（三）双导师指导制度

双导师指导制度，无疑在教育领域掀起了一股新风潮。这一制度，将学校的学术力量与外部的实践经验紧密结合，为学生打造了一个更为全面、立体的教育环境。在传统的教育模式中，学生往往只能够在学校内部接受学术上的指导，而对于行业的实际情况和实践经验却知之甚少。而双导师指导制度正好填补了这一空白，使学生不仅能够深入学术的殿堂，还能够走出校园，深入行业内部充分感受。校外的导师往往具备丰富的实践经验，他们可以为学生带来一手的行业资讯、操作技巧和工作经验，让学生不再只是纸上谈兵，而是真刀真枪地参与到实际的工作中去。正如任何事物都有其两面性，双导师指导制度在实施过程中也遇到了一些挑战。其中，校内导师和校外导师的时间安排不一致成了最大的问题，由于他们都有自己的工作安排和时间表，很难确保在关键时刻都能够给予学生最及时的指导。为了确保这一制度的顺利实施，我们必须对双导师指导制度进行进一步的规范和完善。同时，学校和社会也应该给予这一制度更多的支持和关注，为导师和学生的交流创造更多的机会和平台。

三、培养途径

（一）职业技术师范院校的专门化培养

从历史发展的进程来看，职业技术师范院校在职教师资培养中一直发挥着主要的作用。

职业技术师范院校能够保证职业教育教师有稳定的来源，其作为一种新型的高等院校，既不同于普通工科类院校，也不同于普通高等师范院校，其始终以培养融"学术性、技术性、师范性"为一体的职教师资为目标，重视实训基地建设，注重学生动手能力和示范能力的培养，使教育学与工学有机融合。在多年的发展中，各职业技术师范院校付出了巨大的努力，逐步构筑起了较为完整的职教师资培养的学科体系，尤其在一些专业教学论方面取得了巨大的成就，如经济教学论、技术教学论等，奠定了职教师资培养的学术基础。

职业技术师范院校在多年的发展中积累了丰富的师资培养经验和成果，同时储备了大量从事职教师资培养的人才资源。职教教师是一种具有特殊性的专业人才，其培养也必然需要富有经验的专门人才资源。

我国职业教育教师队伍在近年来面临了多方面的严峻挑战。数量上的不足已成为制约职业教育发展的一个重要因素，而培养体系的缺陷和不完善更是加剧了这一困境。从师资的来源看，我国职教师资队伍的构成主要有三种，分别是来自师范院校的毕业生，他们接受了系统的教师教育，还有非师范类的专业毕业生，此外，还有一部分人员是从其他行业转岗而来的，共同构成了我国庞大而复杂的职教师资队伍。这三种来源的教师在教育教学能力、专业知识储备以及实践经验上都有所不同，因此在实际教学中也面临着各种不同的问题。除此之外，我国职教师资队伍在数量和质量上也都存在着不小的问题，需加强培养和培训工作，以提升教师的整体素质和教育教学能力。

就"双师型"教师而言，目前高职院校主要是采取"送出去"和"引进来"的策略进行培养和培训。但将本校教师送入企业进行实践锻炼的方式往往效果不明显，教师深入企业实践锻炼的待遇和工作量问题没有很好地解决，而企业自身在参与教师培训上积极性不高；直接引入企业工作人员，还存在着其教育理论缺乏的问题。职业技术师范院校对学生进行专门培养应该是"双师型"教师的主要来源。

（二）附设职业教育教师培养机构

综合性大学、理工院校和技术型院校可以附设职业教育教师培养机构。为了培养优秀的职业教育教师，各国高校纷纷设立了职业教育师资培养机构。这些机构充分利用各高校的资源，为职业教育提供了全面的支持。例如，在日本和美国，这些机构通常设立在综合类大学内，而在德国和英国，则更倾向于在技术师范类大学或多学科大学内设立。这些机构不仅提供专业化的教育培训，还通过实践、研究等多种方式培养具有创新能力和实践经验的职业教育教师，为各国职业教育的发展注入了新的活力。我国从20世纪80年代末逐渐在普通高校或师范院校设立职业技术教育学院,如河北师范大学设置职业技术教育学院,利用普通师范院校多年发展所形成的师范性优势,设立专门的职业技术教育院系,培养职教师资。

四、质量保障

该模式着重强调教师的学术性和理论素养。这不仅要求教师具备深厚的学科知识,还要求他们能够将这些理论知识与实际教学相结合,形成自己的教育观点和教学方法。"双师型"教师的概念在这种模式下被大力提倡。这种类型的教师不仅在学术理论上有所建树,同时也具备丰富的实践经验。他们能够将课堂上的理论知识与实际工作场景相结合,帮助学生更好地理解和应用所学知识。我们也必须意识到,知识并不等同于能力。教师仅仅掌握理论知识是不够的,他们还需要将这些知识转化为实际的教学能力,这就需要教师在实践中不断反思和总结。为了提高教师的实践能力,我们需要改变传统的职前培训模式。那种过分学科化的培训方式已经无法满足现代教育的需要,我们需要更多地引入企业参与,加强实践技能的教学。企业与学校的合作是提高教师实践能力的关键。学校应该与企业建立更加紧密的合作关系,明确双方的合作义务,为教师提供更多的企业实习机会。只有这样,基层教师的实践能力才能得到真正的提高。我们还需要建立一套完善的制度来评价教师的实践效果。这不仅是对教师工作的一个反馈,也是一个进一步提高教师实践能力的重要依据。

第二节 校企合作培养模式

一、明晰教育理念

校企合作培养"双师型"教师,其核心教育理念是产学研相结合。在高职教师培养工作中,产学研合作在当今时代已经成了培养创新人才的关键所在。这不仅仅是单纯的教育问题,还是涉及政府、企业、市场等多方的共同事业。为了真正实现产学研的深度结合,各方都需要明确自己的角色和责任。天津职业技术师范大学在产学研结合方面做出了积极的探索。尤其是在机械工程、电子工程等专业领域，该校不满足于传统的教育模式，而是力求创新，培养出既有深厚理论基础，又有丰富实践经验的"双师型"教师。这样的教师不仅能够传授知识，更能引导学生将所学应用于实际，真正做到学以致用。为了实现这一目标，该校加强了与企业的合作，共同建设校企联合实习实践基地。这样的基地不仅为学生提供了宝贵的实践机会，也为教师提供了与产业前沿接轨的平台。高科技产业与高科技研究部门之间的合作，更是为"双师型"研究生提供了走进企业的机会。在这些合作中，研究生不仅可以将所学应用于实际，承担科研项目，更能够在实践中提高自己的动手能力和综合素质。这种培养模式无疑更加符合现代社会对人才的需求。更为重要的是，产学研实践基地的建设，可以有效解决研究生专业教学与实际科学技术发展水平脱节的矛盾。这样的矛盾在过去的教育中屡见不鲜，而现在，通过产学研的结合，研究生能够更加及时地了解到最新的科学技术发展，使自己的学术研究更加贴近实际。这样的模式，无疑有助于发挥研究生的自主创新能力和学术研究能力。在产学研的结合中，研究生不仅可以在学术上有所建树，更可以在实践中实现自己的价值。

"双师型"教师是兼具理论知识和实践技能的职业教育者。在职业教育中，他们不仅传授书本知识，还注重培养学生的实际操作能力。为了更好地适应职业教育的需求，"双师型"教师必须时刻关注行业的动态，掌握最新的科研成果，将其融入教学中。"双师型"教师的成长并非一蹴而就，它涉及多个环节，如教学经验、企业实践、学术研究等。为了更好地培养他们，需要整合学校、企业、政府等多方资源，创造一个多元化的培养环境。只有这样，才能培养出既有扎实理论基础，又有丰富实践经验的"双师型"教师。产学研合作模式为"双师型"教师的培养提供了一个良好的平台。学校和企业可以发挥各自的优势，共同参与到"双师型"教师的培养中。通过这种合作模式，不仅可以提高教师的综合素质，还可以促进学校和企业的深度合作，共同推动职业教育的发展。

二、定位培养目标

产学研结合的"双师型"教师培养模式在当今教育领域备受关注。它不仅是一个培养教师的方法，更是一种教育理念的体现。这种模式着重于培养具备多维专业、教育及职业素养的全能人才，确保他们能够在未来的职业生涯中从容应对各种挑战。产学研结合的"双师型"教师培养模式的核心理念在于横向的多元融合与纵向的层次深入。在横向方面，它强调不同领域、不同学科之间的交叉融合，鼓励教师跨越传统界限，积极探索跨学科的知识与技能。这不仅有助于教师拓宽视野，还能够培养出更具创新精神和实际应用能力的学生。这种模式注重深入挖掘教师的专业素养和职业能力。它要求教师不仅具备扎实的理论基础，还要在实践中不断锤炼自己的技能，提高应对各种复杂问题的能力。这种模式还鼓励教师开展学术研究和技术创新，以推动教育领域的发展和进步。

产学研结合的"双师型"教师将教育理论与实际相结合，注重培养学生的综合素质和能力。他们采用多样化的教学方法和手段，使学生不仅能够学到理论知识，还能够获得实际操作的经验和技能。同时，他们还关注学生的个性发展，注重培养学生的创新思维和批判性思维能力。在职业方面，产学研结合的"双师型"教师具备敏锐的行业洞察力和研究能力。他们不仅关注行业动态和技术发展趋势，还能够根据市场需求调整自己的专业方向和技能要求。这使得他们不仅能够在职业生涯中保持竞争力，还能够为学生的职业规划和发展提供有益的指导和建议。

三、整合化的课程设置与实施

为了培养出既懂专业，又懂教育的"双师型"教师，我们必须重新构建现有的课程体系。新的课程体系应该是一个有机的整体。

一是整合职业、教育和专业课程，将教育学与工学紧密结合，以发挥各自优势。这种融合将构建一个综合性的知识体系，旨在培养具备全面素质的人才。为此，我们需要设计全新的课程结构，以满足这种跨学科的需求，确保学生能够获得全面的知识和技能。

二是整合基础、研究和应用性课程，基础课程为学生提供了坚实的专业基础，培养其基本的职业素养，为他们未来的职业生涯奠定基石。研究课程则注重培养学生的独立思考和创新能力，锻炼其深入研究的能力。而应用课程是将理论与实践相结合，提高学生的实践能力与职业技能，满足社会需求。通过多元课程的整合，学生的能力能够得到全面的提升，更好地适应未来社会的发展。

第三节 自主成长模式

一、明晰教育理念

当前科学技术发展速度不断加快，新技术、新发明层出不穷，今天人们所学的知识和技术，明天可能就要落后了。对于"双师型"教师来说，其需要掌握的技术实践能力随着技术的更新应不断提升。同时，在有限的时间内，我们也不可能把人类社会中所有的知识和技术学完，特别是在当前知识经济时代，越来越呼吁"双师型"教师具备自主提升发展的能力，自主学习意识、自主学习能力成为"双师型"教师不断提升自我的主题。"双师型"教师的培养成长过程是一个自主实践反思的过程，"双师型"教师要永远能够与时俱进。

"双师型"教师这一概念，不仅仅是针对教师在专业技能和理论上的高标准要求，更是对其在职业和教育信念上的一种认可。这种教师的专业和信念认知，绝非仅仅依赖于外界的培训和教导，更多的是教师自身的内心反思和领悟。教育并非简单的知识灌输，而是一个涉及心灵、价值观和人生观的综合影响过程。因此，对于"双师型"教师而言，反思不仅是每日教学后的自我评价，更是一种深入的自我探究。正是这种反思，使教师得以更深入地理解职业教育，明确自己的定位和价值。教师不仅是知识的传授者，更是学生人生路上的引路人。教师将理论与实践相结合，不仅教授学生专业知识，更注重培养学生的实际操作能力和社会适应能力。同时，教师也会将自己的经验和心得融入教学中，帮助学生更好地理解和应用所学知识。而在这个过程中，反思起到了至关重要的作用。通过反思，教师可以更好地认识自己，发现自己的不足和优点，从而更好地调整自己的教学方法和策略。同时，反思也有助于教师发现教育的深层意义和价值，使教育不再是一种简单的职业行为，而是一种对生命、对未来的深刻思考和探索。教师的专业发展，其实是一个自我成长和理解的过程。在这个过程中，反思不仅是一个环节，更是核心。只有通过不断的反思，教师才能真正实现自我的成长，实现从"双师型"教师向更高层次的教育家的跃进。教师应当经常反思自己的教学方法和信念，不断挑战自我，尝试不同的教学风格和方法，从实践中获得对有效教学的深入理解，并通过不断的反思来提高自己。在教师的专业成长过程中，反思性观察起到了至关重要的作用。它不仅仅是回顾自己的教学过程，更是一种深刻的自我审视，需要教师在实践中寻找进步的可能，修正和完善自己的教学方法和策略。通过这种方式，教师能够在日复一日的工作中找到新的启示，不断提升自己的专业素养。与此同时，"双师型"教师的发展模式也越来越受到关注。这种模式强调教师的内在思考，鼓励他们在教学中进行试验，分享成功经验，并推广有效的实践。这不仅有助于提升教师的个人能力，更能为整个教育系统带来实质性的改变。值得一提的是，反思性实践理念彻底颠覆了传统的专家形象。有学者认为，真正的专家不应只停留在理论层面，而是要深入实践中去，通过深思熟虑来解决问题。这种理念鼓励教师跳出理论的框架，真正地与实际教学相结合，从而获得更为深刻的理解和体验。教师的专业成长并不仅仅依赖于表面的知识和技能，更需要在实际的教学中不断积累和深化。这需要教师在实践中持续地反思、理解和研究，以形成自己的实际知识体系。这样的知识体系不仅更为扎实，也更具有个性化色彩，能够帮助教师在教学实践中发挥出更大的价值。在这个过程中，教师的个体主体性不容忽视。每个人的教学经验都是独特的，而这些经验正是教师专业成长的宝贵财富。教师应该珍惜这些经验，通过反思和总结，提炼出适合自己的教学策略和方法。同时，教师的专业成长也是一个自我意义的体验过程。每一次的教学都是一次与学生的互动，在这种互动中产生的经验和感悟正是教师成长的源泉。只有不断地自我审视和进步，教师才能在教学实践中真正实现自身的成长。

二、定位培养目标

未来的"双师型"教师仅靠职前教育和职后培训所获得的知识经验是不够的，必须提高自身的可持续发展能力，它是指教师在个体发展过程中既要适应当前的发展，又要有利于今后的发展，更要为今后的又好又快发展提供充足的养分和条件，这也是个体发展的需要。"双师型"教师的可持续发展能力具体包括自主发展能力、自主学习能力、自我反思能力。

（一）"双师型"教师自主发展能力

教师自主发展能力是一种自主性职业发展能力，自主的教师能够真正懂得教学技巧何时、何地、为何以及如何在教学实践的自觉意识中获得。"双师型"教师应具有强烈责任感，在教育教学活动中能够不断反思，具备自主的可持续发展能力。对技术技能提升的渴求应成为"双师型"教师成长发展的基本动力和前提条件。"双师型"教师要有自我认知的能力，对个人需要与专业技能发展目标的关系应有准确认识，不断激发自我学习的动力，明确自己职业、人生发展的目标。自我认知、自我批判、自我超越、自我创造应成为"双师型"教师专业成长的目标。

（二）"双师型"教师自主学习能力

"双师型"教师的成长经历了"教师教育—教师培训—教师学习"这样几个阶段，教师学习是当代教师发展问题的逻辑走向。从教师教育转向教师培训再转向教师学习，实质上是对教师主体地位和教师自身价值的肯定。美国学者泰勒（Tyler）就曾预言："未来的在职培训，将不被看作是'造就'教师，而是帮助、支持和鼓励每个教师发展他自己所看重、所希望增加的教学能力和占指导地位的、被普遍认可的精神，将把学习本身放在最重要的地位。"[①] 所谓教师学习，是指教师在自身努力或外部环境等因素的影响下，其专业知识、专业能力和专业态度等方面得到成长变化的过程或活动。教师学习是以教师主动性为核心的学习成长过程或活动，是对已有教师培训、教师教育的超越与发展。教师培训和教师教育等方面的工作的有效开展实质上是以教师如何有效地学习或教师学习的内在机制为依托的。"双师型"教师学习不能简单地等同于教师培训，而是教师主体性和教师内在动力突显的一项活动。

（三）"双师型"教师自我反思能力

美国心理学家曾提出教师成长公式：经验＋反思＝成长。如果教师仅仅满足于获得经验，而不是对经验进行深入的思考，那么他的发展将受到很大的限制。反思型教师能够成为终身学习者，教师具备反思的意识和能力，就能够持续不断地对自己的教育教学实践进行反思，从而不断地提高自我。学会反思是"双师型"教师发展中的重要内容，反思也是"双师型"教师可持续发展中不可或缺的教育教学行为。"双师型"教师通过自我反思，不断重新认识自身的教学行为和理念，能够促进自己对职业教育教学活动有更深刻的理解。从"双师型"教师的职业实

---

① 瞿葆奎. 教师[M]. 北京：人民教育出版社，1991.

践技能获得来看，很大程度上属于缄默知识的范畴，需要依靠"双师型"教师长期的实践反思；从"双师型"教师的教育教学能力来看，也需要有自身的反思。

三、课程设置与实施

（一）职业生涯规划教育课程

我国高职院校教师传统的职业生涯成长路径是"助教—讲师—副教授（高级讲师）—教授"这样一种模式。其实，这种路径缺乏企业或行业的技术能力和实践能力等元素，很难满足职业教育的要求。"双师型"教师作为职业教育教师，要突出其生产实践、企业技术等特色，其相应的成长路径应为"助理工程师—工程师—高级工程师—教授级高级工程师"与"助教—讲师—副教授（高级讲师）—教授"相交融，体现出"双师型"教师的成长过程是伴随着生产实践能力提升的教师学识水平发展的轨迹。所以，从这一角度上说，"双师型"教师自我成长的过程需要做好自身的职业生涯规划。

（二）教师实践案例课程

案例教学法是理论与实践之间理想的折中方法，是当今教师教学的必然选择。美国斯坦福大学退休教授李·舒尔曼（Lee Shulman）认为，"从这个意义上说，案例作为一件可以被操作的现实，比书本理论更生动也比真实的工作更具规范性，更容易管理"[1]。"双师型"教师的知识结构中存在着一类由职业实践知识、教育实践知识和专业实践知识所构成的实践性知识，这类知识直接奠定了"双师型"教师区别于其他教师的独特属性。这类知识很难依靠别人告知或书本阅读来获得，而是和"双师型"教师在其实践活动中不断内化、反思密切相关，是基于实践的反思而形成的一种个体化经验。所以，在"双师型"教师的职前培养、职中工作和职后培训过程中，也都离不开教师实践案例课程的学习。通过实践案例课程，对于职前培养的"双师型"教师可以借鉴其实践经验，职中工作的"双师型"教师可以与其自身的实践探索相对照取长补短，职后培训的"双师型"教师可以丰富自身实践经验。

---

[1] 舒尔曼.教师教育中的案例教学法[M].郅庭瑾,译.上海：华东师范大学出版社,2007.

(三)自我认知课程

传统的高职院校"双师型"教师培养,缺乏一种自我认知的教育。教师教育课程设置中,存在着认识其他事物的课程,而缺乏认识自我的课程。教师需要加强"双师型"的自我认知意识和能力,能够自主认识自身的专业发展方向。培养"双师型"教师的自我认知课程主要围绕三个方面进行:对自己过去发展过程的意识、对自己现在发展状态和水平的意识、对自己未来发展的规划意识。

(四)微格教学法课程

微格教学法是一种反思教学的教师教育课程,可以把"双师型"教师的教育教学活动进行录像,然后重新回放录像内容,"双师型"教师及相关人员边看边议。教师自己在观看自身活动的录像时,能够不断认识自身的优势和不足,不断反思,逐渐形成自主发展的思路。同时,其他观看者以旁观者的视角可以帮助录像中的教师提出改进意见和建议。

四、培养途径

(一)做好自主规划

有规划和目标的活动往往能够事半功倍,"双师型"教师的自主成长需要自主规划其职业人生,分析自身欠缺什么素质,哪方面需要提升,近期主要学习什么、弥补什么,职称评审、技能提高、学历提升、企业经历等环节在什么时候完成,通过什么方式实现。不断进行自我分析,尤其是在教育教学能力和职业实践能力方面要有具体的分析;制订发展目标和行动策略,明确朝什么方向发展,通过什么途径开展行动。例如,山东科技职业学院采取生涯规划策略培养"双师型"教师,提供人才全面发展或不同类型人才专长发展的平台,充分考虑教师个性发展和自我实现的需要,发挥产学研协同发展的优势,使教师教学能力和实践能力同步提升,提高个体的职业化水平;企业工程技术人员通过参与高技能人才培养工作,提升理论水平,实现教学相长,成为行业的专家和学生的良师。

(二)分层次提升教师素质

"双师型"教师的各种素质需要一个连续性和阶段性的提升过程,"双师型"

教师是职业教育中的重要力量，其发展阶段需要得到明确的认知和关注。在新手阶段，"双师型"教师需要注重提升自身的基础能力，不断学习和实践，掌握基本的教育教学技能和方法。在熟练阶段，教师需要更加注重经验的积累和技能的更新，不断探索更有效的教学方法，提高教学质量和效果。到了专家阶段，教师需要进一步增强企业技术研发和教育教学创新能力，发挥自身的影响力和引领作用，推动职业教育的改革和发展。不同的发展阶段需要制订针对性的培养方案，为"双师型"教师的成长提供全方位的支持和帮助。这样有助于实现"双师型"教师由被动发展向自主发展的跨越，使每个层次的教师都有所发展。

（三）主动开展校本教研

主动开展校本教研指的是结合学校的特色专业、精品课程、教材建设等工作，承担教学研究、专业建设和课程开发的工作，通过自主探索提升自身素质，可以对自己在教育教学过程中遇到的问题展开研究，在研究过程中解决问题，同时能够提升自己的理论水平。"双师型"教师的成长过程就是不断地开展校本教研而逐步丰富知识和经验的过程。

（四）主动撰写反思日记

反思是个体活动中的一种高级形式，是活动主体对自己的观念与行为进行的认知和审视。反思是"双师型"教师自主发展的重要途径。通过撰写反思日记，能够促进教师教育教学方法的改进，提高教育教学质量；能够帮助教师不断反思自己，总结经验，提高自身素质；也能够在反思中升华出具有普遍实际意义的理性认识，可以提高"双师型"教师的科研能力。撰写反思日记，主要反思自身的教学行为、管理行为和生产实践指导行为。通过反思日记，"双师型"教师能够以批判的眼光反观自己，分析相关问题产生的原因，通过总结经验和吸取教训能够自觉提出改进发展的建议。

五、质量保障

为了构建一个有效的教师自我培训体系，我们不仅需要从宏观层面调整相关政策，更需要建立一套科学合理的激励机制。这不仅能激发教师内心的学习热情，更能促使他们结合学校的长远发展目标，有计划、有针对性地进行自我提升。

（一）建立"双师型"教师激励机制

我们应当建立"双师型"教师的合理激励机制。在职称评审和工资晋升方面，应当享有优先权，确保他们得到应有的认可与待遇。年度考核和评优奖励也应向他们倾斜，以表彰他们的优秀表现。除了精神上的鼓励，物质待遇也不可忽视，可以提升他们的经济待遇，为其提供更丰厚的专项津贴以及更多的学术进修机会，这都是对他们工作价值的肯定。除此之外，在选拔专业带头人、骨干教师和提拔干部时，也应优先考虑。最后，鼓励"双师型"教师参与学校管理，不仅能提高他们的工作积极性，还能提升学校的整体教学质量。

（二）改革高职院校教师职称评审标准

要培养既掌握理论知识，又具备实践经验的"双师型"教师，高职院校的教师职称评审标准亟待重新审视。当前的标准过分强调论文发表和科研项目，却忽视了对教师实际操作能力的评估。这种倾向导致很多教师过于偏重理论，而缺乏实际操作能力。我们需要调整职称评审标准，降低学术要求，提高对实践操作能力的评价权重。这样的改革不仅有助于培养既有理论素养又有实践经验的教师，更能为我国的职业教育质量提供有力保障，培养出更多既懂理论又懂实践的高素质人才。

（三）提供丰富的参与各项活动的机会

个体的自主发展意识和能力往往是在参与活动中得到增强的，高职院校要为"双师型"教师提供多方面的参与活动的机会，在专业建设、课程开发、教学改革、学术交流等方面加大"双师型"教师参与力度，可以有效地促进"双师型"教师发展的自主意识。比如，在专业人才培养方案制订活动中，"双师型"教师参与研讨人才培养定位、讨论课程设置、确定培养机制等，可以增强"双师型"教师在人才培养中的责任感，同时使其能够找到自身在人才培养中的定位。

第四节　文化生态模式

以往人们对教师培养的研究，多关注通过外部力量来促进教师的发展，多考虑学生的发展等方面，实际上多是从外部孤立地看待教师的成长，很少关注教师与教师之间及相关因素的关系对教师成长的影响。从文化生态的角度看，"双师型"教师的培养成长是在与其他人、事物相互的关系中进行的。"双师型"教师是学校学术文化与企业职业文化的融合,是一种文化象征。技能是"双师型"教师的外显行为,而文化才是"双师型"教师的根本。在当前的职业教育实践中,亟须形成一种"双师型"教师培养的文化生态模式。"文化生态是指一定时代各文化要素之间相互关联所呈现的形态以及由此形成的一种具有特征性的文化结构,它在本质上规定并表征着人的生存方式及其相互关联。"[1]"双师型"教师的文化生态培养模式就是将"双师型"教师视为一种特殊的文化,并将其置于相互联系的文化生态系统之中,在关联中实现"双师型"教师的成长发展。

一、明晰教育理念

"双师型"教师,这个在现代教育领域越来越受到关注的群体,其成长过程远比人们想象的要复杂得多。我们不能仅仅将他们的成长归结为技能的提升和知识的积累,因为他们的个性、情感体验以及背后的社会文化背景都为他们的专业发展注入了独特的色彩。每一位"双师型"教师都有着他们自己的故事和经历,这些故事和经历塑造了他们的性格,影响了他们对教育的理解和态度。他们的情感体验,如对教育的热爱、对学生的关心,都深深地影响着他们的教育实践。此外,他们的成长离不开周围的环境。成长环境对"双师型"教师的教育观念、教学方法有着潜移默化的影响。而文化传承更是为他们的教育活动提供了丰厚的土壤。他们所处社会的文化传统、价值观念,都在无形中影响着他们的教育行为。社会互动也是"双师型"教师成长的重要一环。他们与其他教师、学生、家长的交流与互动,不仅为他们提供了丰富的教育资源,也为他们的专业发展提供了反馈和指导。为了更好地促进"双师型"教师的成长,我们需要从更广阔的视角去理解和支持他们。我们要看到他们背后的文化背景和社会环境,要关注他们的情感体验和个人特质,提供更个性化、更有针对性的培训和支持。只有这样,我们才能确保"双师型"教师能够全面发展,不仅在专业技能上有所突破,更在人格、情感、社会责任感等方面得到全面的提升。只有这样,"双师型"教师才能真正成为人类未来的引领者,为我们的下一代提供更加全面、深入的教育。

教师专业发展不仅仅是教师个人的成长,更是整个教育生态系统的共同进步。

---

[1] 徐书业.文化自觉:教师专业发展的未来趋势[J].广西教育学院学报,2004(02):1-3.

文化环境对于教师的成长具有深远影响，良好的教育氛围能够为教师的专业发展提供有力的支持。为了更好地促进教师的成长，我们需要构建一个良性的文化生态培养模式，让教师在一个充满活力和创新的环境中不断学习和进步。同时，教师的实践风格也是其专业发展的重要组成部分，这种风格的形成与环境紧密相连，并受到群体力量的影响。因此，教师需要不断地与同行进行交流学习，汲取他人的优点，不断完善自己的教学实践。正如杜威（Dewey）所主张的："只有智力懒惰才会导致我们得出结论说，由于思考和决定形式是个体的行为，因此它们的内容、它们的学科，也是某种纯粹个人的东西……似乎是单个的事情在进行，但是它们是一起进行的。没有发现任何完全孤立进行的事情，任何事情的进行都与其他事情的进行联系在一起。"[①] 我们不应把教师当作孤立的个体，而应把他们置于文化关系、社会关系之中来理解。因此，"双师型"教师发展需要一种合作的发展方式。文化生态培养模式的主要聚焦点不是学习某些学科知识和教育知识，也不是个别教师的反思，而是建构合作的教师文化，在合作互助中促进教师的发展。"双师型"教师的培养发展过程实质上是校企合作、工学结合、理论与实践、个人与群体等多方面的合作融合过程。

"双师型"教师的成长是一个复杂且多方面的过程，涉及许多不同领域的发展。这种教师的培养过程不仅要求教师个人在学术和专业领域内有所建树，而且需要他们在社会、文化以及人际交往等多个层面都有所成长。

①教师的个人发展包括他们的成长背景、经验、认知方式、情感态度以及价值观等各个方面。这些方面的发展都深受他们所处的社会和文化环境的影响。

②强调教师之间的合作和交流。这种交流可以采取多种形式，如导师制、教师工作坊、研讨会等。在这些交流中，教师可以分享他们的教学经验和教学策略，从而提升他们的教学技能。这种教师间的合作和交流，有点类似于传统的"师父带徒弟"的方式，对新教师的成长特别有帮助。

③文化生态环境的建设。教师的成长并不仅仅关乎个人，而是与其周围的环境紧密相连，包括他们所在的学校、社区，乃至整个社会。对于那些追求卓越、力求"双能双技"的"双师型"教师来说，他们既需要学术文化的熏陶，来丰富

---

① 吴炳岳.职业院校"双师型"教师专业标准及培养模式研究[M].北京：教育科学出版社，2014.

内在的知识储备，也需要职业文化的浸染，来提升实践应用的能力。这样，他们才能真正做到学术与实践的完美结合，为社会培养出更多优秀的人才。

二、定位培养目标

学习教学技能和职业技能对于"双师型"教师的培养成长具有重要的意义，但是在教学中，无法直接将"专家"或"熟练者"的能力传授给他人，但在教学领域中，方法的适用性确实是因人而异的。这不仅仅关乎技术的娴熟，更多的是教师所具备的专业精神、坚定的信念和价值观等文化层面的涵养。这些深层次的特质，对于塑造个性化教学风格、影响学生的学习体验至关重要。文化无疑是教师专业内涵的核心。它不仅定义了教师的专业能力和素质，更在一定程度上决定了他们在教学中的表现和成就。"双师型"教师的培养，不仅仅是为了提升他们的专业技能，更是为了形成一种独特的"双师"文化。这种文化强调的是教师与学生之间的互动、沟通与理解，它深刻地影响着教师的教育信念、对待工作的态度以及他们对于教学的独特理解。"双师"文化是一种独特的教师文化，它鼓励教师不断地自我反思、更新观念，从而更好地适应教育改革的需求，且满足学生个性化发展的需要。这种文化的形成和发展，对于提升教师的专业素养、推动教育行业的进步具有深远的影响。

（一）坚定"双师型"教师职业教育信念

信念是人们对某种观点、原则和理想等所形成的内心的真挚信仰。一个个体从事一项工作，如果其从内心深处信仰这项职业工作，那么才能真正地融入这项工作中。教师信念的确立是教师文化形成的根基。"双师型"教师作为职业教育中的核心力量，应坚定自身的教育理念，积极投身于教育改革当中。在此过程中，技术技能的培养与提升显得尤为关键，它是职业教育区别于其他教育类型的核心要素。同时，"双师型"教师还应坚守职业教育的价值观，不受社会对职业教育的偏见的影响。教师的信念作为深层的文化结构，是推动其持续发展的原动力。在当今的教育环境中，我们应更加重视技术技能，明确其在社会经济发展中的不可或缺的作用。"双师型"教师不仅是知识的传授者，更是塑造学生品格、传递社会价值的引领者。他们用自己的实际行动，彰显了职业教育对社会进步的巨大贡献。

（二）培养"双师型"教师企业实践意识

提升"双师型"教师在企业实践方面的素养，不仅是一个技术或能力的问题，更关乎教师文化建设。教师文化作为教育领域中不可或缺的一部分，对于教师的行为和态度有着深远的影响。要确保教师在企业实践中的态度转变能够持续影响其行为，我们必须从教师文化入手。培养教师对企业实践的积极态度至关重要，这需要教师摆脱过去的观念束缚，真正认识到企业实践在教育中的价值，从而主动融入企业，参与实际生产。只有这样，他们才能真正理解企业的运作，掌握最新的技术动态，并将其融入教学中。增强教师的工作满足感也是必不可少的。只有当教师在企业实践中得到了足够的认同感和满足感，他们才会更加深入地参与到这样的实践中。而这种参与，无疑会进一步增强他们的文化认同，使他们更加坚信企业实践在教育中的重要性。"双师型"教师不仅仅是技术的传授者，更是实用型人才的培养者。只有当他们真正关注企业实践，才能更好地培养出适应市场需求、具备实际操作能力的优秀人才。

（三）塑造以技术技能传递为主的教学行为

"双师型"教师身兼理论与实践的双重角色，是教育领域中一道独特的风景线。他们不仅拥有丰富的理论知识，还具备实际工作经验，这使得他们在与学生和同事的互动中展现出了与众不同的行为特点。特别是在高职教育领域，他们强调实践技能的重要性，不断调整教学方式，以适应不断变化的市场需求和学生的实际情况。他们倾向于采用行动导向的教学方法，鼓励学生通过实际操作和实践来掌握知识和技能。这种教学方式不仅提高了学生的学习兴趣和积极性，还有助于培养学生的实践能力和创新精神。因此，"双师型"教师在高职教育领域中具有不可替代的作用。

三、凸显"双师"文化的培养体系

"双师型"教师的成长是一个极为复杂且多维的过程，它不仅仅涉及教学技能的增强，更与教师的学术水平、企业经验以及教师文化背景有着千丝万缕的联系；它不仅是一个技术提升的过程，更是一个深层的文化融合与生态构建的过程。"双师型"教师的专业发展，不仅需要我们关注其技能培训，更要看到其背后的文化土壤。学术、企业与教师文化，这三者并非孤立存在，而是相互影响、相互渗透的。学术文化为教师提供了深厚的理论根基，企业经验则赋予其实践智慧，而教师文化则是这两者在学校环境中的具体体现。为了给"双师型"教师提供一个更好的成长环境，我们需要构建一个具有鲜明校企融合特色的学校文化。这不仅要求我们将企业文化引入学校，使学校与企业之间形成紧密的互动与合作，还要求我们关注学校内部的组织文化，确保学校内部的运行机制与企业需求相匹配。产教结合是推动"双师型"教师专业成长的重要策略。通过产教结合，教师可以更深入地了解企业的运作模式、技术更新和市场需求，从而调整自己的教学内容和方法，使教学更加贴近实际。同时，产教结合也有助于教师将理论知识与实践相结合，提高自己的教学水平和专业素养。此外，我们还需注重课程文化的建设。这不仅包括显性的课程设置，也包括潜在的课程感染力。在各专业教学中，我们应该有意识地融入职业文化、企业精神和行业特点，使课程文化与企业文化相融合。同时，我们还应关注班级管理和课程设计中的文化元素，使企业文化和校园文化在无形中相互渗透。

四、培养途径

教师发展总是在一定的文化生态系统中实现的，学校需要为教师的发展创造良好的文化生态环境，在人与文化的相互建构中实现学校和教师的主动发展。教师信念的发展要受到教师从教后的教育实践、所处的社会环境条件、教师群体间的文化特质以及自身的知识储备等因素的影响。

（一）创设良好的学校文化生态系统

教师信念与教学行为之间的关系深受文化生态的影响。教师的信念并非一成不变，而是在实践中不断被塑造，被环境所影响，同时也被文化价值观所熏陶。这些信念不仅决定了他们的教学方法和策略，还影响了他们对教育的理解和追求。每一个教学实践都是教师信念的体现，而教学实践中的反思和经验积累也会反过来调整或改变教师的信念。以宁波职业技术学院为例，通过合作共建实训室或项目，不仅提升了教学质量，更为教师提供了一个反思和调整信念的平台，促进了教师信念与教学行为的深度融合和持续优化。财务处工作人员作为会计专业的教师到财务处挂职；建筑系的教师在基建处挂职，基建处的工作人员参与建筑系的专业教学工作；国际学院的教师也是外事处的职工。通过教学单位与对应的机关业务单位共建合作，实现了整体的"双师型"教师队伍建设。

（二）提供真实的企业文化环境

"双师型"教师的成长并不仅仅是知识和技能的积累，而是需要多元文化的浸润。这样的教师需要深入企业，真正理解并内化企业的价值观念和行为方式，以便更好地适应教育需求。他们不仅需要传授专业知识，更要培养学生的实际操作能力，发挥教育的最大潜力，提升教育质量。只有这样，才能真正培养出既有理论知识，又有实践能力的优秀人才。

（三）创设优秀的组织文化

教师的成长发展是教师与情境交互作用的过程和结果，"双师型"教师的成长不仅仅是个人的努力，还离不开组织文化的积极影响。在一个健康、向上的组织文化中，教师能得到更多的鼓励与支持，有助于他们的专业成长。特别是在一个鼓励交流、合作与知识共享的环境中，教师可以相互学习，共同提高教学水平。这种互动不仅仅局限于教学技巧和方法的交流，更多的是教育理念的碰撞与融合。通过这样的交流，教师可以发现自己的不足，学习他人的优点，不断完善自己。这种互动也有助于形成学习共同体，使教师有团队的支持与陪伴。对于新教师而言，师徒模式是他们快速成长的捷径。通过与资深教师的深入合作，新教师可以更快地适应工作环境，理解教育理念，掌握教学方法。而学科带头人的引领作用也不容忽视。他们就像是指南针，帮助新教师明确方向，紧跟职业教育的最新动态，参与技术改革和生产研发。在一个充满活力、开放包容的组织文化中，教师能够得到更多的机会与支持。这种"传帮带"的方式不仅有助于提高"双师型"教师的整体素质，更能推动教师团队的持续发展。

（四）加强院校之间的交流合作

为了降低"双师型"教师培养成本，高职院校应采取一系列措施。首先，学校之间应加强深度合作，共享教育资源，避免重复投资。其次，通过组织培训和学术交流活动，提升教师的理论水平和实践能力。此外，选拔具有潜力的带头人和骨干教师，为他们提供进一步学历提升的机会。这些措施不仅能够降低培养成本，还能有效提高教育质量，为培养更多优秀人才打下坚实基础。

（五）重视"双师型"教师团队建设

在"双师型"教师的成长发展过程中，存在着缺乏团队依托，处于自发松散状态的问题，影响教师发展的动力。为解决这一问题，北京电子科技职业学院以基于团队建设提升教师实践能力为共同的团队建设目标，激发教师参与专业实践的积极性，在团队建设的目标和共担责任的认同过程中，提高了教师对实践能力在人才培养中的重要性的认识，增强了对自身素质能力现状的自我认知，感受到来自组织和同伴对提高素质能力绩效的压力，促进其与相关企业建立优势互补的稳定合作关系。同时，借助团队带头人的影响，为团队成员教师发展提供稳定的基地，团队建设有助于发挥团队成员的自主性和创造性。

五、质量保障

（一）关注教师的整体发展

教师的发展不能仅停留在表面的技巧上，而应该深入内化教育价值观。在追求"双师型"教师的专业技能时，我们更应关注其教学的环境，理解其教育理念和价值观。这样的教师不仅拥有丰富的知识储备和教学技巧，更能将教育理念融入日常教学中，促进学生的全面发展。

（二）形成竞争与合作机制

在教师学习中，每个教师每天坚持独立学习并与其他教师进行真正的合作学习，是教师学习个性化与精确化的前提条件，在群体的相互联系中往往能够得到深远的发展。比如，技能竞赛机制可以培养和提高"双师型"教师的素质。一方面，可以组织校内教师开展专业技能比赛活动，聘请行业企业的技术专家出题、当评委，学生和其他教师当观众，在这样的专业技能评比活动中能够提升"双师型"教师的素质。另一方面，在指导学生参加各种高职院校技能大赛的活动中，可以培养和提高"双师型"教师的素质，以赛促学、以赛促练、以赛促教，在指导技能的竞争中提高技能。

（三）重视文化氛围建设

高职院校要为"双师型"教师营造宽松的、民主参与的、具有发展意义的、具有凝聚力的校园文化和学术氛围，使"双师型"教师能够民主参与职校管理，满足尊重需要，产生自我价值的实现感，最终能够吸引企业高技能人才进校，减少高职院校"双师型"教师流失，以感情激励的方式使"双师型"教师热爱职业教育，愿意投入职业教育教学活动之中。

（四）实施发展性教师评价

教师评价是"双师型"教师发展的重要反馈调节环节，对教师评价的理念直接影响着"双师型"教师成长发展的路径和模式。教师作为教育生态中的关键环节，其角色作用远超过传授知识。他们不仅能教书育人，更是文化传承的重要载体。每位教师都有其独特的背景和教学风格，我们应尊重并欣赏这种个体差异，而不是用单一的标准去衡量。评价体系应当多元化，确保每一位教师都能得到公正的评价。在评价过程中，教师的尊严必须得到尊重，促进教师之间的合作与交流。最终，这样的机制将激发教师的专业发展热情，全面提升教学质量。

第六章 "双师型"教师队伍建设

本章主要内容为"双师型"教师队伍建设，主要介绍了三方面的内容，依次是"双师型"教师队伍建设的保障机制、"双师型"教师队伍建设的激励机制、"双师型"教师队伍建设的改进策略。

第一节 "双师型"教师队伍建设的保障机制

一、"双师型"教师队伍建设保障机制的问题

高职院校中，"双师型"教师模式确实至关重要，对于培养应用型人才的高职教育来说是不可或缺的。然而，由于种种原因，目前"双师型"教师的保障机制并不完善，导致出现了以下问题。

（一）教师可用资源少

高职学校正经历着教师资源匮乏的困境，这一挑战已经对学生的学习效果产生了直接且深远的影响。由于学校经费紧张，教师可获取的教学资源相对有限，无法与时俱进地为学生提供最新、最全面的知识。学校对于新知识的培训投入也不足，导致教师的专业知识更新速度缓慢，难以跟上时代的步伐。更为严重的是，实践课程中所需的设备数量不足，无法满足所有学生的需求。这种情况不仅限制了学生的学习效果，更在一定程度上打击了学生的学习积极性。学生无法充分实践和应用所学知识，进而影响其专业技能的掌握和未来的职业发展。这种现状亟待改善，以保障高职教育的质量和学生的学习效果。

（二）体系制度不完善

"双师型"教师管理目前缺乏统一的制度文件，导致政策执行不力，影响了

学生的学习效果和教师的日常管理。此外，由于相关补贴不明确，教师的积极性也受到了打击，这都制约了学校教育的健康发展。

（三）企业参与度不高

企业出于对自身利益和核心技术的保护，对"双师型"教师项目持谨慎态度。为了防止机密泄露和潜在的风险，企业并不愿意让教师接触核心业务，而是将他们分配到一些非关键岗位。这种做法限制了教师的实践技能学习，导致他们无法全面了解企业的运营和实际操作。同时这也使得指导教师面临尴尬的境地，因为他们需要在教学与保密之间寻找平衡。这样的局面不仅影响了教师的学习效果，也制约了"双师型"教师项目的推进。

（四）人才引进困难

在我国职业教育体系日益完善的背景下，"双师型"教师模式逐渐受到重视。然而，此模式在实施过程中遭遇了人才短缺的挑战。高职院校虽认识到"双师型"教师的独特价值，但在实际招聘中，却发现具备这种资质的教师并不多见。加上企业中的精英员工往往偏爱其稳定的职业环境，不愿轻易转型，这使得高职院校在寻找合格的"双师型"教师时更加捉襟见肘。为了满足教学需求，这些院校不得不更加努力地探寻各种途径，以期吸引和留住这类宝贵的教育人才。

二、"双师型"教师队伍建设保障机制的改进

（一）制度保障

1. 完善"双师型"教师资格认证制度

目前，我国"双师型"教师资格认证制度有待完善。主要体现在认定标准不统一，导致各校对"双师型"教师认证标准界定不一，优化高职"双师型"教师认定标准，应充分考虑其动态性、差异性和可操作性。我们不能简单地"一刀切"，而应该看到教师在专业发展过程中的不断变化和进步。随着时间的推移，教师的技能和经验都会有所增长，因此认定标准也应该随之调整。考虑到不同专业、不同领域之间的差异性，认定标准应当允许有一定的灵活性，以适应各种不同的教学环境。另外，为了确保标准的可行性和有效性，它必须是可操作的，明确的兼职"双师型"教师认定条件有助于建立一个更加完整和专业的教师队伍，以突出

"双师型"教师资格认定标准的科学性、合理性和专业性。其次，各高职院校应在省级单位指定的认定标准基础上结合国家对高职院校的最新规定和教学任务，进一步完善认定标准，上报上级部门备案。最后，在"双师型"教师认定过程中，要在审核教师申请材料的基础上，重点考核其实践能力。

2. 完善"双师型"教师激励制度

完善的考核激励制度是促进高职院校"双师型"教师专业发展、提升创新能力和"课程思政"育人能力的强大内驱力。目前部分高职院校缺乏对"双师型"教师队伍的具体考核细则与激励措施，导致"双师型"教师专业发展的动力不足，"双师型"教师忽视对自身专业能力与素质的培养与提升。针对这一情况，相关部门应综合各方面因素重视对相关激励机制的建立健全。专门针对"双师型"教师建立各项荣誉称号和奖励，直接和专业技术职务聘任以及职称晋升挂钩；另外，制订以业绩和社会贡献为导向的"双师型"教师激励制度。高职院校校企合作、技术服务、社会培训等产生收益，可按照要求纳入绩效工资结构，而教师在合法范围内获取科研成果产生的收益则并不属于绩效工资；促进教师品德、专业全面发展，使每位老师都能积极进取，长久进步。

（二）资金保障

最近一段时间内，我国相关部门实施的《国务院关于加快发展现代职业教育的决定》等一系列文件对职业教育的相关内容有着明确规定。其中强调职业教育建设的重要内容就是师资队伍建设。而要想实现这一目标，就必须加大资金扶持力度。针对高职院校"双师型"教师队伍的建设，在每个环节都需要资金的支持，如各类人才引进、"双师型"教师企业实践、实训基地建设、科研经费及激励奖金等。为"双师型"教师队伍建设提供相应的资金支持，光依靠学校的经济资金投入远远不够；应多措并举，合力加大"双师型"教师队伍建设的资金投入。首先，高职院校应设立"双师型"教师队伍建设专项资金，且有计划地加大投入，该项经费应该是队伍建设的主要经费来源。其次，积极使用政府的优惠政策，政府也应逐年增加高职院校的资金拨款，最好专项拨款或建立职业教育教师培训专项财政。最后，各高职院校应积极调动企业资金投入"双师型"教师队伍培养中。在政策允许的前提下，积极引进企业入校，建立实训基地或开设校企合作教育班级，企业可提前规划培养学生；企业也可适当投入一些资金用于教师队伍的培养，教师队伍培养成后也可实现人才共享。在为教育工作提供充足资金的前提下，还应重视对教育支出结构的调整。根据当前时代要求，应进一步加大对"双师型"教师队伍建设的投入力度，进一步加深校企双方的沟通与联系，拓宽专项资金来源，做到专款专用。

（三）条件保障

①产学研合作教育是培养"双师型"教师的沃土，科学有效的校企合作和政校合作为教师队伍发展创新提供了可能；是促进"双师型"教师培养培训体系、考核评价制度体系、兼职教师引进等多项改革措施落到实处的基础。产学研合作教育应在各个主体的共同支持下，依托现有资源充分发挥其在人才培养方面的显著成效，在此基础上构建出综合全面的教育体系。高职院校推行产学研合作教育模式，有利于学校完成实践环节的教学任务；有利于加强"双师型"教师的创新能力和实践经历的培养；有利于多方考核评价体系的实现；还有利于专兼结合的"双师型"教师队伍的管理。企业和社会可借助高职院校科研创新推进自身的长足发展；为各自人才队伍建设提供资金保障。产学研合作教育能促进高职院校和企业（行业）紧密联系和交流沟通，不但能提高"双师型"教师服务社会的能力，体现自身价值；还能使"双师型"教师安心工作，稳定教师队伍。

②建立"双师型"教师队伍的组织机构，增强教师凝聚力。各高职院校可将"双师型"教师队伍的组织机构建设提上日程，可以通过人事处、教师发展中心等部门牵头建立专项管理办公室，也可根据专业教学的需要在各教研室下面建立工作小组，通过加强交流、互助、监督、评价等方式建立工作联动机制。这样既能提高"双师型"教师的凝聚力，同时还能激发其他教师学习的积极性与主动性，提高专业能力和创新能力等。

第二节 "双师型"教师队伍建设的激励机制

"双师型"教师队伍建设的激励机制的研究是高职院校提升办学质量、挖掘人才潜能的必不可少的手段。建立健全"双师型"教师队伍建设激励机制涉及院校管理的方方面面，它的每一方面都值得进行深入细致的探讨与研究。高职院校"双师型"教师队伍建设激励机制的建立需要有科学激励理论的指导。建立和完善高职院校"双师型"教师队伍建设激励机制,必须坚持"以人为本"的原则、目标统一性原则、公平至上原则、物质和精神激励相结合原则,同时完善教师激励机制和保障体系。特别是要根据高职院校的特点,激励"双师型"教师。

一、"双师型"教师队伍建设的激励机制的建立原则

激励机制的建立,必须有的放矢、注重实效,一是要考虑工作绩效的评价,有利于充分发挥教师潜力;二是薪酬的制订标准应当既注重公平,又留有差距,有利于充分调动教师工作的积极性;三是创造高质量的工作环境,有利于增强教师的稳定性。在建立激励机制时要考虑以下几大原则。

(一)"以人为本"原则

将高职院校"双师型"教师队伍建设纳入高职院校发展战略规划中,这有利于高职院校建立科学的"双师型"教师激励制度,只有向先进的高职院校学习,充分发挥人才在现代激烈的竞争环境中的决定性作用,发展以人才管理为本的核心竞争力,才能不断提高高职院校的办学质量。

因此,必须坚持"以人为本",以"双师型"教师的生存、安全、社交、自尊、自我实现等需要为出发点,实施适当的激励机制。必须始终贯彻这一基本原则,建立切实可行的激励机制,只有这样才能发挥出普通教师的最大潜力,激发"双师型"教师的积极性和创造性,实现其自我价值的最大化,不断提高高职院校的办学效益。

(二)目标统一性原则

激励理论告诉我们,激励力量的大小取决于期望值与效价的乘积,个体对目标的把握越大,估计达到目标的概率越高,激发起的动力越强烈,积极性也就越大。因此,只有当"双师型"教师懂得只有进行高质量的努力才能获得高质量的业绩,进而才能达到其期望值时,激励作用才能达到满意的效果。

因此,高职院校管理者应充分考察教师希望从组织中获得什么以及他们如何能够实现自己的期望。只有当高职院校的"双师型"教师以及期望成为"双师型"教师的普通教师有了一个明确的目标,才能在整个教师队伍中形成共识,从而产生强大的凝聚力和奋发向上的向心力,才能将个体的成果汇聚成集体的成果。必

须为高职院校"双师型"教师队伍设定一个明确的共同目标,这个目标既要使教师有把握能够实现,又要有一定的难度,由此产生的激励作用才能最大程度地促使高职院校教师努力工作,以实现组织目标。

(三)公平至上原则

公平是个体对投入与报酬的比例的主观比较感觉。公平涵盖在机制运行的每一个方面,尤其是在收入分配体系、考核评价体系中,教师对公平的敏感程度很高,只有在社会比较和历史比较当中比例相等,才不会产生负面情绪,进而影响教师的工作动机和行为。也只有设计出合理的、与绩效相匹配的收入分配制度,保证收入分配的公平,才能使院校"双师型"教师在比较的过程中产生公平感。

(四)物质和精神激励相结合原则

物质激励的重要性是毋庸置疑的,但现阶段激励理论研究成果也表明,精神激励的作用一方面要比物质激励更长久,另一方面也需要物质激励来巩固。在考核评价的过程中,可以物质激励和精神激励同时进行,而"双师型"教师对高层次需要往往较为强烈,甚至可以优先实施精神激励,以较小的成本达到更好的激励效果。

二、"双师型"教师队伍建设激励机制的完善

(一)建立具有竞争性的薪酬激励机制

随着社会经济迅猛发展,当前高职"双师型"教师的收入水平与社会相应行业相比并没有优势,有的甚至偏低。教师的工作积极性难以为继,思想情绪的不稳定不利于工作的开展。因此,院校管理者应该加大在工资收入、福利待遇、住房保障等基本物质需要方面的投入力度,院校可以设立"双师型"教师专项资金,对被认定为"双师型"的教师发放不同级别的专项津贴,一是肯定"双师型"教师的工作成绩,激发其工作积极性;二是为普通教师提供目标方向,将满足其生存需要和成为"双师型"教师的目标统一。特别是刚刚工作的年轻教师,只有解决了后顾之忧,他们才能安心投入工作,避免不利因素的影响。同时,研究结果表明,"双师型"教师对高层次精神需要的强烈期望也不容忽视。作为一个有文化、

有素质的群体，"双师型"教师爱惜名誉，渴望自己的才能得到认可，有不断提高和进步的内在动力。

高职院校一方面要分析各专业各岗位的能力需求，一方面调整教师队伍结构，以"双师型"教师队伍的发展为根本目标，实现"双师型"教师队伍的整体优化。管理者不但要从规章制度上着手鼓励"双师型"教师参与学院的管理决策，更要在具体工作安排上充分引导"双师型"教师发表意见，有畅通的信息交流通道，提高对学院的认同感，特别是其自我实现的需要，给予及时的激励，激发起"双师型"教师持续工作的主动性、积极性。

建立高职院校"双师型"教师队伍激励机制，应当从调研实际出发，注意教师对薪酬水平的敏感程度，改革收入分配制度的不合理因素，使教师薪酬能符合其劳动价值。同时，对"双师型"教师应当建立更具吸引力的薪酬分配制度，以区分开普通者和优秀者之间的待遇水平，激发教师更强烈的工作动力。有关调查研究表明：高职院校人才流失特别是高层次人才流失的直接动因主要表现为经济因素。

在激励机制设计中必须充分发挥岗位津贴的作用，针对普通教师和"双师型"教师可以分别制订不同津贴类型。通过设定合理的等级分配，可以对普通教师和"双师型"教师实施不同的激励模式，以达到有效的激励效果。岗位津贴一方面可以增加"双师型"教师的收入，刺激普通教师工作的积极性；另一方面也可能因为增加工作压力，使"双师型"教师的工作负担过重，影响工作绩效。因此，院校管理者应当科学设定岗位津贴的实施标准，既能使教师有积极工作的内在动力，又不会因为超过教师的压力承受水平而起到反向作用。通过岗位津贴的设置，体现"双师型"教师的工作价值，有效增强"双师型"教师的竞争力，使更多的年轻教师加入"双师型"教师队伍的行列，并激励更多的优秀人才以此为目标努力前进。

（二）建立灵活弹性的考核机制

激励理论指出：一是组织制订目标应该适度，难度过高，员工无法达成会使得激励措施形同虚设；难度过低，员工难以获得高效的激励。二是组织奖励必须满足个人目标，针对不同层次的人员应区别对待，奖励内容应随时变化以增强对员工的吸引力。

因此，有效的激励机制要建立在科学规划目标计划的基础上。高职院校管理者应该根据院校发展的实际情况、整体师资队伍的水平预估，制订既不会轻易完成，又不会难以达成，通过协调一致的努力预期可以完成的工作目标。如果制订的目标难以实现，会使普通教师产生挫折感，对成为"双师型"教师目标的期望值就越低，激励作用就失去了应有的效果。反之，设置的目标很容易完成，难以使"双师型"教师产生持续努力后的满足感，激励作用也会大打折扣。在管理中，要建立目标管理机制，对不同的岗位均应明确要求、职责、考核办法，建立科学合理的业绩考评体系。

当前高职院校对"双师型"教师的考核评价较为简单粗糙，没有与一般的教师考核区分开来，既没有政策上的支持，也没有资金上的保障。因此，"双师型"教师的考核机制应当从实践出发，不能片面强调科研论文质量，而是建立"双师型"教师在实训指导、企业挂职锻炼、校企合作研发等方面的考核指标。指导学生实习实训是"双师型"教师能力的重要体现，因此在考核指标中应该着重体现这一能力水平，加强对"双师型"教师理论实践"双肩挑"实施考核，为负责专业课的理论教学又负责相关的实习实训指导的"双师型"教师制订合理的考核指标。而横向课题也是"双师型"教师考核亟待关注的重要内容，横向课题可以较完整地反映"双师型"教师在合作开发新工艺、新产品等实践方面的能力。目前偏重纵向课题，忽视横向课题的倾向不利于"双师型"教师激励和成长。

同时，在制订考核目标时，不能想当然地由院校管理部门自行研究，要加强普通教师和"双师型"教师的参与力度，充分考察"双师型"教师对工作目标的建议，这样既有助于使考核目标更趋科学合理，也有助于增强"双师型"教师的工作自主权，提高工作主动性和积极性，也是激发教师内在动力，提高工作成就感的需要。

建立绩效考核体系，一方面要加强管理部门的调研，在分析历史数据的基础上客观灵活地制订与工作目标相适应的考核机制；另一方面就是要及时动态地对考核进行调整，以适应激烈的环境变化。实施以岗定薪、按劳取酬的收入分配制度，就必须建立科学公正的考核评价办法，对"双师型"教师的劳动成果进行准确的检验，避免人为主观因素的影响，坚持以定量考核为主、定性考核为辅，最大限度地提高考核的公平性和客观性。通过考核结果的反馈，正向奖励和负向惩戒相结合，使"双师型"教师既有成就感，又有竞争压力，可以不断树立新的更高目标，激发更多的积极性和创造性。高职院校要通过多层次、多渠道的考核形式，形成主体多样、方式多元的评价体系，确保考核结果的科学性和公正性。

（三）重视非货币化薪酬激励机制

首先，重视非货币化薪酬激励机制。激励理论启示我们，多种需要可以同时存在，不一定在底层需要获得满足后才能进入高层次的需要。物质薪酬为"双师型"教师提供了基本的生活保障，而培训进修、社会实践机会等也是激励普通教师的重要机制。尤其对于院校年轻的普通教师来说，由于刚刚进入工作岗位，他们更倾向于有发展前途的机会，如培训、进修、申报课题等。院校可以积极与专业紧密的合作企业联系，鼓励缺乏实践经验的普通教师挂职顶岗，接触先进的生产技术工业，积累实训教学技能和实践经验。在制度上，可以制订"双师型"教师下企挂职锻炼的指标，如3年累计3个月以上企业挂职等，提高"双师型"教师的能力素质。因此，提高年轻教师的满意度不仅要从货币化的薪酬入手，还要帮助年轻教师规划发展前景，为年轻教师向"双师型"教师过渡提供展现的舞台。

其次，灵活运用精神激励机制。作为知识分子，受尊重、自我实现的需要很强烈，院校管理者通过发掘细微的平凡的案例，发现"双师型"教师的突出特点，激励教师发挥潜能、树立信心，汇聚更多教师的力量，形成高职院校发展的合力。运用合理的精神激励机制，就是要通过各式各样的机会将"双师型"教师中的先进典型，以及他们的优秀事迹大力宣扬、大力表彰，让"双师型"教师得到尊重和信任，引导普通教师积极工作，激发工作热情，对进一步提升高职院校教学质量和办学水平有重要的意义。

最后，要注意对"双师型"教师整体队伍的激励，通过开展岗前培训、师德建设、座谈讨论、专题讲座等活动，提高整体队伍的思想认识，激发争当"双师型"教师的意识和风尚。要树立榜样的示范作用，从而推动教师队伍整体的、全面的发展。管理者应该创造建立多样化的激励机制，既要关注工作成果，也要关注工作过程；既要关注"双师型"教师，也要关注普通教师；既要进行定性的评价，也要进行定量的评价，不断发挥个体和团队的优势，最大程度地实现激励价值。

（四）建立公平合理的利益分配机制

公平理论指出，员工的工作积极性与其是否认为公平息息相关。公平感来自员工的主观比较，是员工的内心活动，并不是具体的报酬和投入的比例数值。因此，院校管理者有必要在组织内营造公平合理的工作环境，建立、健全能使人才脱颖而出的激励机制，最大限度地提高"双师型"教师的工作积极性，充分发挥他们的创造力，挖掘自身潜能，有利于不断提升高职院校"双师型"教师队伍的水平。因此管理者在处理关系公平的一系列实际问题时，包括职称评审、津贴调整、奖励晋升等，应做到公平合理，增强公开性和透明度。

院校管理者要时刻保持对教师思想动态的关注，及时发现消极情绪，防止不良情绪对工作状态的影响。同时，完善"双师型"教师聘任制度和岗位津贴制度，设置有差异的岗位级别和岗位薪酬，鼓励"双师型"教师积极主动履行岗位职责，并有动力不满足于现有工作，为实现更高工作目标努力。

公平合理的激励机制的关键是公平的分配制度和有效的行为规范。利益分配引入激励机制，通过社会比较和历史比较，坚持按劳分配的原则，拉开不同绩效水平的收入差距，才能提高"双师型"教师的积极性和创造性，充分发挥潜能，既体现了公平又实现了效率，促进高职院校的长远发展。

（五）建立惩罚、淘汰机制

奖励和惩罚是强化激励机制的一种重要手段，尤其是惩罚可以作为激励机制不能发挥有效作用时采取的措施。虽然惩罚措施可能有一定的负面影响，但不失为不得已时可以采用的有效手段。现今高职院校将重点放在正面奖励措施的施行，忽视了惩罚、淘汰机制的建立，使得既有的"双师型"教师缺乏竞争意识，减少圆满完成工作任务的激情以及丧失努力上升的动力。可以说，惩罚、淘汰机制的缺失、不完善从反面映衬了高职"双师型"教师激励机制的不足与缺陷，因而对大多数高职院校而言，为建立一支高素质专业化的"双师型"教师队伍，建立和完善惩罚、淘汰机制必不可少。

建立奖惩机制，一方面在职务晋升、骨干培养等方面，同等条件下"双师型"教师可以优先考虑；为表彰"双师型"教师在教学与技能比赛中的杰出贡献，可以发放津贴作为奖励，并给予他们参与教材编写和实验实训项目设计的优先权。

在职称评审时，尤其是在评审条件相近的情况下，可以优先考虑"双师型"教师，以激励他们在专业领域内继续发挥优势。另一方面，当年度未参与实践实训教学或企业合作，可以不予评优评先；连续两年未完成考核指标，可以取消"双师型"教师资格。

一般情况下，院校管理者必须坚持以奖励为主、惩罚为辅，实行奖惩结合。对工作能力强、成果突出的"双师型"教师应当给予充分的奖励，并在职称评审、职务提升等方面优先考虑。对"双师型"教师的优秀事迹应该大力宣传，一方面是对本人的精神奖励，激发其更多的潜能；另一方面是为更多的普通教师提供范例，为其努力向"双师型"教师过渡提供榜样，完善人才成长机制。

同时，建立有效的行为规范和规章制度，对消极倦怠的行为按照公正、公平、公开的原则实施适当惩罚，一方面可以给当事人敲响警钟，另一方面使其他教师引以为戒，消除不良行为的消极影响。在使用惩罚的手段时，一是要把握适度，不可惩罚过度引起更大的负面作用；二是要把握时效性，越是及时的奖惩，激励作用就越显著。

最后，岗位聘任激励制度也是高职院校挖掘人才，提升"双师型"教师队伍水平的重要手段。行业人才实践经验水平较一般在校教师要高，是"双师型"教师队伍的重要补充，可以通过岗位聘任的方式使其享受相应的待遇，并且在有条件的时候还可以为其争取从不同序列转评对应职称的机会。

第三节 "双师型"教师队伍建设的改进策略

加强"双师型"教师队伍建设，是当前高职院校建设发展面临的重要任务。由于主、客观多方面原因，高职院校在建设"双师型"教师队伍时，确实面临诸多挑战。这不仅仅是一个技术或能力的问题，更多的是多维度考量的结果。我们不能单纯地从教育的角度出发，更要考虑到整个社会、政府以及学校自身的实际情况。教育有其自身的规律，但同时也受到政策和环境的影响。政府在职业教育中的角色不可忽视，其政策导向直接关系到高职院校的发展方向。而学校与教师的个体需求也是关键因素，毕竟教师是教育的实施者，他们的专业能力和积极性决定了教育的质量。采用问题与目标导向方法，我们可以更深入地分析问题所在，从而找到合适的解决措施。这个过程是复杂的，也是系统的，需要我们全面考虑、细致分析。只有这样，我们才能真正地推动教师队伍向更高的标准发展，为我国的职业教育做出更大的贡献。

一、政府主管部门进一步发挥政策引导作用

教育自古代以来便被打上了阶级的烙印。高职教育作为现代教育的重要组成部分，其发展更是与国家的政策导向紧密相连。在我国，高职教育深受行政力量的影响，政府的角色和职责在这里显得尤为重要。《国家职业教育改革实施方案》要求，为了高职教育的健康发展，政府需要深化自身的角色认知，从单纯的行政管理向战略规划、政策引导和服务支持转变。这意味着政府需要从高职教育的台前走向幕后，将更多的自主权交给高职院校，但同时也不能放松宏观调控的责任。此外，政府还需要进一步完善激励政策，鼓励高职院校建设既有扎实理论基础，又有丰富实践经验的"双师型"教师队伍。这不仅有助于提升高职教育的质量，更能推动高职教育的转型发展，使其更好地适应社会和市场的需求。

（一）规范"双师型"教师认定标准

政府主管部门在高职教育的持续发展中起到了至关重要的作用。为了更好地培养应用型人才，满足社会对高素质技能人才的需求，政府主管部门应当设立专门的机构，为高职院校的"双师型"教师制订统一的标准。"双师型"教师这一特殊的教师群体，不同于传统意义上的大学教师。他们不仅要传授知识，还要培养学生的实际操作能力，更重要的是，要帮助学生建立起理论与实践相结合的思维模式。因此，为"双师型"教师制订统一标准是十分必要的。这一标准应当充分考虑到高职院校的特点和培养目标，确保"双师型"教师既具备扎实的教育教学能力，又拥有丰富的行业经验和技能。他们不仅要有深厚的专业理论知识，还需要具备丰富的实践经验，以及在实践中不断进行应用研究的能力。

此外，敏锐的行业洞察力也是"双师型"教师不可或缺的素质。随着科技的飞速发展，各行各业都在发生着日新月异的变化。教师需要时刻关注行业动态，把握最新的技术趋势，以便及时调整教学内容和方法，确保学生所学与市场需求紧密对接。与企业和行业的紧密合作，是"双师型"教师的一大特点。他们应该

成为学校与外界沟通的桥梁，通过与企业的合作，将最新的科研成果、实际操作经验引入课堂，丰富教学内容，提高教学质量。同时，这种合作也有助于提高学生的就业率，满足企业的用人需求。制订统一标准不仅有助于高职院校明确"双师型"教师的定位，提高整个教师队伍的素质，还能进一步推动高职教育的改革与发展。通过培养更多符合社会需求的优秀人才，高职院校将更好地履行其大学职能，为国家的经济建设和社会发展做出更大的贡献。

在高职院校中，"双师型"教师的角色日益凸显，他们既是理论知识的传播者，又是实践技能的指导者。为了确保这一特殊教师群体的教学质量，制订一套科学、合理的标准是至关重要的。为此，我们必须坚持以科学理论为基石，同时紧密结合高职院校的实际情况，进行深入、系统的研究。在制订标准的过程中，我们采用了多种规范的研究方法，如文献综述、实地考察和专家访谈等，从而确保标准的科学性和实用性。经过深入研究，我们确定了"双师型"教师应具备的五大关键指标：职业道德、实践应用、教学能力、理论知识以及性格心态。这些指标不仅为高职院校提供了评价"双师型"教师的基本标准，同时也为政府主管部门和学校管理层提供了有价值的参考。更重要的是，这些标准具有一定的灵活性，可以根据不同学科和专业的特点进行进一步的细化和调整，从而更好地满足实际教学的需要。

（二）健全"双师型"教师队伍激励政策

20世纪80年代以来，激励手段在高等教育领域中的地位逐渐凸显，特别是在科研管理和绩效管理方面。作为国家的公益事业单位，我国的高职院校与政府的关系密切，具有一定的依赖性。针对高职院校的"双师型"教师队伍建设问题，政府需要进一步深化"管办评"的改革要求，鼓励高职院校走"应用型"发展道路。为了实现这一目标，教育行政主管部门应当发挥关键作用。首先，需要修订和完善当前的职称评审制度，确保其与高职院校教师的实际发展需求相匹配。明确高职院校教师的发展方向是至关重要的，这样可以为他们提供一个清晰的目标和路径。教育行政主管部门应当下放职称评审权，给予高职院校更多的自主权。这样的做法能够更好地引导教师向"双师型"专业方向发展，激发他们的积极性和创造力。政府还需要建立相应的机制和出台相关政策，引导企业积极参与"双师型"教师队伍建设。企业参与是实现高职院校"应用型"发展道路的重要一环，也是提高教师队伍实践能力的有效途径。通过出台优惠政策、搭建合作平台等方式，鼓励企业与高职院校开展深度合作，共同培养具备实践经验的"双师型"教师。同时，教育行政主管部门可以运用评估办法，增加"双师型"教师评估指标的权重。通过评估的引导，高职院校会更加注重教师队伍的建设，特别是"双师型"教师的培养和发展。这也将为高职院校教师队伍的建设指明方向，推动整个教师队伍的素质提升。为了更好地支持高职院校"双师型"教师队伍的建设和发展，政府还需要设立专项支持资金。这笔资金可以用于引进优秀的"双师型"教师并为他们提供专业培训、聘请行业企业中的专家作为兼职教师等。通过资金的支持，高职院校可以进一步提升教师队伍的整体水平，增强其教学和科研能力。这些措施的实施将有助于深入贯彻落实《国家职业教育改革实施方案》的要求。该方案强调了职业教育在国家发展中的重要地位，并提出了系列改革措施。而高职院校"双师型"教师队伍的建设是其中的一个关键环节，对于提升职业教育质量、培养更多具备实践能力的技术技能人才具有重要意义。这将为我国职业教育的发展注入新的活力，为培养更多优秀的技术技能人才做出贡献。

（三）加强"双师型"教师的校企合作培养

高职教育作为现代教育体系中的重要组成部分，对于培养高技能人才、推动经济社会发展具有不可替代的作用。而要使其取得长足的发展，单靠高职学校自身的力量是远远不够的，必须依靠政府、高职学校和行业企业三方的紧密合作。政府在高职教育的发展中起着至关重要的作用。政府不仅是政策的制订者，也是高职教育发展的推动者和保障者。为了激发企业参与教师培养的积极性，政府需要制订一系列的政策，如财政支持、税收优惠等，为学校和企业之间的合作创造良好的环境和条件。同时，政府还需要对高职学校进行监督和管理，确保其办学质量和教育教学的规范性。高职学校作为培养高技能人才的主要阵地，其教学质量和办学水平直接关系到学生的就业和发展。因此，高职学校应该加强与企业的合作，深入了解企业的需求和行业的发展趋势，根据市场需求调整专业设置和课程安排，提高人才培养的针对性和实用性。同时，高职学校还应该加强师资队伍建设，提高教师的专业素养和实践能力，为学生提供更好的教育教学服务。行业企业作为高职教育发展的重要合作伙伴，也应该积极参与到高职教育中来。企业可以通过与学校合作共同制订人才培养方案、提供实习实训基地、参与教学评价等方式，提高人才培养的质量和针对性。同时，企业也可以通过与学校合作，获得更合适的人才和先进的技术支持，提高自身的竞争力和创新能力。只有政府、高职学校和行业企业三方紧密合作、共同努力，才能推动高职教育的健康发展，为经济社会的共同进步注入强大动力。因此，我们应该充分认识到政府、高职学校和行业企业三方合作的重要性，加强合作、共同发展，为我国的高职教育事业做出更大的贡献。

高职院校在社会进步中发挥着举足轻重的作用，它们不仅是培养技术人才的摇篮，更是推动社会发展的重要力量。为了更好地适应时代的需求，高职院校应更加积极地与企业合作，共同培养出既有理论知识又有实践经验的高素质人才。同时，高职院校应践行"有为才有位"的理念，不断提升教师的实操能力，优化教育效果，以更好地服务社会，实现自身价值。只有这样，高职院校才能在社会进步中持续发挥其重要作用。

二、高职院校创新教师队伍管理体系

为了培养出能够真正适应社会需求、具备实际操作能力的优秀应用人才，我们不仅需要政府的政策引导和支持，还需要高职教育机构与社会各界的深度合作。其中，高职教育机构作为人才培养的主要阵地，其责任尤为重大。高职教育必须强化自身的主体意识，自觉地参与到人才培养的各个环节中，并且要敢于创新，勇于尝试新的教育模式和方法。在教师队伍的建设上，应将"双师型"教师的培养放在核心位置。这不仅要求教师具备扎实的专业理论知识，更要求他们拥有丰富的实践经验和教学能力。只有这样才能真正保障人才培养的质量，为社会输送更多优秀的应用型人才。

（一）制订"双师型"教师队伍建设规划

高职院校在教育领域中非常重要，为社会培养了大量技能型人才。而在这其中，"双师型"教师团队的建设显得尤为重要。这不仅关乎教学质量的高低，更是学校能否适应时代发展、培养出符合市场需求的人才的关键。在宏观层面，学校应当根据自身的办学特色、专业设置以及长远的发展规划，制订出与之相匹配的"双师型"教师团队建设计划。这一计划应当是立体的、多维度的，涵盖长期、中期和短期的发展目标。长期目标应当是明确学校在未来五到十年内"双师型"教师团队建设的总体方向；中期目标则是为实现长期目标所制订的阶段性任务；短期目标则是更为具体、可操作的实施计划。与此同时，各个二级学院也应结合自身的实际情况和专业特色，进一步细化"双师型"教师团队的建设方案。这包括但不限于引进人才的策略、培养现有教师的措施以及如何建立与企业的紧密联系，确保教师能够及时掌握行业前沿动态，并将其融入日常教学中。在制订规划时，预见性和系统性是两个不可或缺的要素。预见性要求学校在制订计划时要有前瞻性思维，能够预测未来行业发展趋势，从而确保"双师型"教师团队的建设与市场需求相匹配；系统性则强调学校应从整体出发，确保各项措施之间相互协调、相互支持，形成合力，共同推动"双师型"教师团队的建设。此外，全面性也是不容忽视的一环。学校在制订计划时，应充分考虑各种因素，确保每一个环节、每一个细节都得到周全的考虑。只有这样，才能确保最终的实施效果，避免在实际操作过程中出现混乱或遗漏。只有建立起一支高素质、高水平的教师团队，才能为学生的成长提供有力保障，为学校的长远发展奠定坚实基础。因此，高职院校应当高度重视这一问题，通过全面规划和实践，努力实现这一目标。只有这样，高职院校才能在激烈的竞争中立于不败之地，为社会培养出更多优秀的人才。

（二）加大"双师型"教师培训工作力度

教师专业发展无疑是提升教育质量的基石。特别是在我国这片繁荣的土地上，特别是在经济发达的地区，我们对于教师的要求已经不仅仅停留在"教书育人"的层面。为了与时俱进，与世界教育接轨，持续的教师培训成了不可或缺的一环。终身教育不仅仅是一个理念，更应是一种实际行动。对于教师而言，专业成长是一个永不停歇的旅程。从职前培训到在职进修，每一环节都至关重要。特别是在高等职业技术学院中，"双师型"教师的培养更是重中之重。这不仅仅是对教师个人的要求，更是对整个学院，乃至整个教育体系的一次深层次的变革和挑战。

让我们从欧洲的教育实践中寻找启示。芬兰的高职院校教师，他们与一线生产紧密合作，不仅传授知识，更开展应用性研究，将理论与实践完美结合。而在奥地利，法律保障教师每年的带薪培训时间，这是一种国家层面的重视和投入。而我国，虽然近年来在教师培训上取得了一定的成绩，但我们仍然面临着诸多挑战。尤其是高职院校的教师，他们与实践操作的距离有时似乎比纸上谈兵更远。为了缩短这一距离，我们需要更多的实践经验，更多的实地操作，更多的与企业和市场对接的机会。

高职院校作为培养技术技能人才的重要基地，对于青年教师的培养至关重要。青年教师不仅是高职院校教学的主力军，更是学生技能成长的引路人。他们年轻、充满活力，更具有可塑性，能够快速适应行业发展的变化。为了提升青年教师的专业实践能力，高职院校应该采取多元化的培训方式。寒暑假期间，可以安排教师进入企业实践，了解最新的技术应用和行业动态。短期培训则可以针对某一特定技能或问题进行集中学习，快速提高教师的实践能力。考取行业证书也是对教师专业能力的一种认可，能够更好地满足教学需求。同时，高职院校应该鼓励中青年教师访学、进修或参与合作研究，通过与国内外知名专家、学者的交流学习，提高教师的应用研究能力。通过这些方式，不仅能够提升教师的个人能力，更能为高职院校培养出真正具备"双师型"能力的教师人才。

赫茨伯格（Herzberg）的双因素理论强调，工资待遇虽然在一定程度上可以缓解不满，但它并非是激发工作积极性的核心因素。真正能够激发人们内在动力的，往往是诸如进修培训等激励因素。对于高职院校的教师而言，他们更加注重专业成长和成就，因此进修培训在他们的职业发展中占据了举足轻重的地位。特别是那些"双师型"教师，他们在专业领域内投入了大量的时间、精力和财力，期望能够不断提升自己的专业素养。对于他们来说，一个难得的培训机会无疑是他们所渴望的。因此，高职院校应当优先考虑满足"双师型"教师的培训需求，这不仅是对他们辛勤付出的肯定，更是对教师队伍建设的高度重视。通过满足"双师型"教师的培训需求，高职院校不仅可以提升教师的整体素质，更能激发教师的工作热情和积极性。这无疑是对赫茨伯格理论的实践应用，也彰显了高职院校以人为本、教师为本的管理理念。

高职院校教师培训应将重点放在实践能力的培养上，而非仅仅关注学历的提升。高职院校与学术型高校的教学定位有所不同，它更加注重培养应用型人才，进行应用研究，以及服务地方经济。为此，建立一支高学历、同时具备丰富实践经验的师资队伍显得尤为重要。实践教学和应用研究能力是高职院校教师的核心能力，这需要教师在实际工作中不断积累经验，掌握最新的行业动态和技术。国家也在积极推动专业学位博士的培养工作，为高职院校教师提供更多的发展机会。高职院校应当给予教师足够的经费和时间支持，鼓励他们不断提升自己的实践能力和应用研究水平，为培养更多的优秀人才贡献力量。

（三）做好"双师型"教师招聘工作

高职院校招聘教师是一项严谨的工作，需要深入了解学校的实际需求，并针对性地去寻找符合这些需求的候选人。而"双师型"教师更是高职院校所青睐的对象。他们的招聘方式主要有两种：一是招募高学历的人才，他们具备深厚的理论基础；二是寻找实践经验丰富的人才，他们能够将理论知识与实践相结合，更好地指导学生。在评估候选人时，学校需要明确自己的目标和问题导向，确保选聘的教师能够真正满足学校的实际需求。

第一，我国高职院校在选拔教师的过程中，应当更加注重应聘者的实际经验，而不仅仅是关注学历背景。回想德国应用技术大学的成功经验，他们在招聘时明确要求应聘者至少具备博士学位和 5 年相关专业实际工作经验。这样的选拔标准确保了教师队伍既有深厚的学术背景，又有丰富的实际操作经验。德国的应用技术大学还会给予教授一个特殊的待遇：任教期间享有半年的"休假"。这并不是传统意义上的休息，而是为了鼓励教授走出课堂，深入行业一线，了解行业的最新动态，更新自己的知识体系。这样，当他们回到课堂时，就能够将理论与实践更紧密地结合，为学生提供更贴近实际、更具前瞻性的教学内容。我国的高职院校过度强调教师的学术能力和理论水平，导致许多教师虽然理论素养深厚，但在培养学生实际操作能力方面却显得力不从心。这与高职院校培养应用型人才的目标是相悖的。因此，我们必须调整招聘标准，更加重视应聘者的实际经验。这不仅是对教师队伍的改革，更是确保我国高职院校健康、持续发展的关键之举。

为了增强高职院校引进人才工作的针对性，《国家职业教育改革实施方案》明确规定"2019 年起，职业院校、高职院校相关专业教师原则上从具有 3 年以上企业工作经历并具有职业以上学历的人员中公开招聘，2020 年起基本不再从应届毕业生中招聘"[①]，这对高职院校引进人才、加强"双师型"教师队伍建设提出了明确的新要求。

第二，高职院校在教育教学中，引进具备实际经验的企业专业人员显得尤为重要。当前，许多高职院校面临着教师实践能力不足的问题，这在一定程度上影响了教学质量和学生的就业竞争力。通过从企业聘请兼职教师，不仅能够为学校注入更多的实践元素，还能有效缓解"双师型"教师不足的困境。在招聘过程中，学校应积极拓宽渠道，创新管理方式，不仅仅看重应聘者的学历背景，更要侧重其实际工作经验和综合素养。这样的教师队伍将更有助于培养出与社会需求紧密结合的高技能人才，为高职教育的持续发展奠定坚实的基础。德国职业学院中，"除了专职教师之外，还有兼职教师，兼职教师多于专职教师是职业学院的一大特点。兼职教师占到60%，他们主要来自企业界（管理或技术人员）或其他高校（高等专科学校或大学教师），有的职业学院兼职教师比例达到80%。"[②] 相比之下，我国高职院校的兼职教师数量较少。

外聘教师的管理工作至关重要，它不仅关乎教学质量，更影响着学生的成长。明确职责是基础，规范合约是保障，而激发他们的工作热情则是关键。这些外聘教师与专职教师相互补充，共同为学生创造更多的实践机会，助力他们全面发展。为确保教学效果，我们不能忽视对教师的专业培训。除了学科知识的更新，师德和心理学等领域也应得到加强。在评估外聘教师的工作时，我们不仅要关注其教学成果和学生的反馈，还应深入了解他们的职业道德和性格特质。这两项能力在教师的整体能力结构中各占20%，不容小觑。而在选聘过程中，我们更应全面考量教师的专业素养、道德品质和个性特点，确保每一位教师都能为学生的成长提供最佳的教育环境。

[①] 国务院.国务院关于印发国家职业教育改革实施方案的通知[EB/OL].（2019-02-13）[2023-10-20].https：//www.gov.cn/zhengce/content/2019/02/13/content_5365341.htm.
[②] 王建初，刘铭东.德国高等职业技术教育的师资队伍建设[J].比较教育研究，2005（09）：59-63.

参考文献

[1] 王岚，吴跃本，崔金魁.高职院校"双师型"教师专业素质培育体系研究 [M].南京：东南大学出版社，2021.

[2] 詹先明."双师型"教师发展论 [M].合肥：合肥工业大学出版社，2010.

[3] 梁成艾.职业学校"双师型"教师专业化发展论 [M].成都：西南交通大学出版社，2014.

[4] 刘琴.信息化背景下现代职业教育"双师型"教师培育研究 [M].北京：高等教育出版社，2018.

[5] 吴炳岳.职业院校"双师型"教师专业标准及培养模式研究 [M].北京：教育科学出版社，2014.

[6] 李梦卿."双师型"职教师资培养制度研究 [M].武汉：华中科技大学出版社，2012.

[7] 王晞.新时代职业教育教师队伍专业化建设与发展 [M].北京：北京理工大学出版社，2019.

[8] 杨秀英，兰小云，等.国际视野下的职业院校专业教师培养研究与实践 [M].上海：上海交通大学出版社，2018.

[9] 贺文瑾.职教教师教育的反思与建构 [M].哈尔滨：黑龙江人民出版社，2008.

[10] 崔静静，龙娜娜，房敏，等.新时代地方本科院校"双师型"教师队伍建设研究 [M].北京：冶金工业出版社，2020.

[11] 张冠勇，尹霞.高职院校高水平"双师型"教师专业化培训体系的研究 [J].办公自动化，2023，28（20）：23-25.

[12] 吕芳华.基于应用型人才培养的"双师型"教师队伍建设研究 [J].湖北开放职业学院学报，2023，36（20）：47-49.

[13] 刘晓丽，邱丙中，管孝振."2+5""双师型"教师校企协同培养模式探究 [J].印刷杂志，2023（5）：79-81.

[14] 赵锐. 双高建设背景下高职院校"双师型"教师培养体系研究 [J]. 科教导刊, 2023（25）：77-79.

[15] 何子钦, 殷锋社, 贾应炜. 高职院校"双师型"教师分层分类培养研究 [J]. 知识窗（教师版）, 2023（8）：99-101.

[16] 成欣. 高职院校"双师型"教师队伍培养路径研究——以陕西艺术职业学院为例 [J]. 山西青年, 2023（16）：124-126.

[17] 樊新波, 王桂红. 提质培优行动计划下高职院校"双师型"教师培养机制研究 [J]. 南方农机, 2023, 54（18）：168-170；177.

[18] 陈华. "双高"背景下的"双师型"教师内涵及培养路径探索 [J]. 教师, 2023（23）：75-77.

[19] 葛宏翔. 高职院校"双师型"教师立体化培养体系构建探索 [J]. 辽宁经济职业技术学院. 辽宁经济管理干部学院学报, 2023（4）：85-87.

[20] 齐红阳. 高职院校"双师型"教师培养路径研究 [J]. 船舶职业教育, 2023, 11（4）：9-11.

[21] 赵雅倩. 安徽高职院校"双师型"教师培养对策研究 [D]. 合肥：安徽建筑大学, 2023.

[22] 欧杨. 工匠精神视阈下的高职院校"双师型"教师培育研究 [D]. 徐州：中国矿业大学, 2021.

[23] 詹丽丽. 广西高职院校"双师型"教师校企合作培养研究 [D]. 桂林：广西师范大学, 2018.

[24] 左彦鹏. 高职院校"双师型"教师专业素质研究 [D]. 大连：辽宁师范大学, 2016.

[25] 何婧. 高职教育"双师型"教师培养模式研究 [D]. 新乡：河南师范大学, 2016.

[26] 孙芳. 浙江省高职院校"双师型"教师培养机制研究 [D]. 重庆：西南大学, 2014.

[27] 孙政. 高等职业院校"双师型"教师培养研究 [D]. 武汉：湖北工业大学, 2012.

[28] 裴有为. 基于企业需要的高职"双师型"教师培养问题研究 [D]. 长沙：湖南农业大学，2007.

[29] 杨超男. 高职院校"双师型"教师培养研究 [D]. 重庆：西南大学，2007.

[30] 贺应根. 高职院校"双师型"教师资格认定标准和培养对策研究 [D]. 长沙：湖南农业大学，2005.